舵手汇

www.duoshou108.com

聪明投资者沟通的桥梁

日本蜡烛图交易精要

揭秘蜡烛线组合形态

【美】 拉里·派斯温托 著
     莱斯莉·久弗拉斯
              张意忠 译

山西出版传媒集团
山西人民出版社

图书在版编目(CIP)数据

日本蜡烛图交易精要：揭秘蜡烛线组合形态／(美)拉里·派斯温托,(美)莱斯莉·久弗拉斯著；张意忠译. —太原：山西人民出版社,2019.10
　ISBN 978-7-203-10862-7

　Ⅰ.①日… Ⅱ.①拉… ②莱… ③张… Ⅲ.①股票交易—基本知识 Ⅳ.①F830.91

中国版本图书馆 CIP 数据核字(2019)第 090217 号
著作权合同登记号　　图字：04-2018-007

日本蜡烛图交易精要：揭秘蜡烛线组合形态

著　者：	(美)拉里·派斯温托　(美)莱斯莉·久弗拉斯
译　者：	张意忠
责任编辑：	李　鑫
复　审：	秦继华
终　审：	蒙莉莉
装帧设计：	任燕飞工作室
出　版　者：	山西出版传媒集团·山西人民出版社
地　　址：	太原市建设南路 21 号
邮　　编：	030012
发行营销：	0351-4922220　4955996　4956039　4922127(传真)
天猫官网：	http://sxrmcbs.tmall.com　电话：0351-4922159
E-mail：	sxskcb@163.com　发行部 sxskcb@126.com　总编室
网　　址：	www.sxskcb.com
经　销　者：	山西出版传媒集团·山西人民出版社
承　印　者：	三河市京兰印务有限公司
开　　本：	710mm×1000mm　1/16
印　　张：	14.5
字　　数：	201 千字
印　　数：	1—5000 册
版　　次：	2019 年 10 月　第 1 版
印　　次：	2019 年 10 月　第 1 次印刷
书　　号：	978-7-203-10862-7
定　　价：	58.00 元

如有印装质量问题请与本社联系调换

译者前言

形态分析是技术分析的精华，我喜欢技术分析，更离不开形态分析，它们是我做交易的重要依据，也是我翻译此书，以飨读者的根本原因。

有很多市场参与者在金融市场中亏钱，也有不少交易者从中获利；亏损者有一蹶不振的案例，获利者也有一夜暴富的神话。那些亏大钱的有很多曾经是其他行业的精英。他们之所以会产生大幅亏损，很大程度上是因为他们不尊重金融市场，不懂技术分析，更别提其他什么分析了。他们只以为他们原来的专业需要技术和质量、需要时间和经验，却完全没有把交易真正当作一个行业来看待。这就难免使他们美好的梦想被市场击得粉碎。你不要怪市场的残酷和无情，是你的贪婪、侥幸和不尊重市场的心态遮住了你明亮的双眼，把市场想得过于简单了。

如果你还没有被市场的无情击倒，如果你还想建立再次作战的信心，那么你就需要从学习技术分析开始。只有知识、能力、时间和经验才能重铸你昔日的辉煌。

本书作者之一拉里·派斯温托（Larry Pesavento）从 1967 年就开始从事交易这项事业，是当之无愧的交易大师。两位原著作者在本书中讲述的形态交易策略非常详尽。他们重点讲述的形态包括 AB=CD 形态、加特利"222"形态、蝴蝶形态、三推浪形态、回撤形态、双重顶与双重底形态和拓宽顶与拓宽底形态。它们都是非常经典的形态，你可以仔细研究它们。作者在介绍这些形态的同时，也明确指出了它们的入场位，止损点和获利目标。作者对单边趋势日的讲述也特别精彩，日内交易的朋友可以作为参考。另外本书还特列一章讲述了依据标的证券、标的商品或标的股指期货的市场形态进行美国权证交易的方法，但由于美国权证交易与国内权证市场有很大区别，建议你取其精华，弃其糟粕。在本书的后面，作者介绍了交易计划、交易管理，交易日常安排的相关内容。你可以在制定自己的交易策略时借鉴使用。

如果你把交易看作是一种游戏，那它就是一种以胜算概率为基础的游戏。只有在你使用具有积极预期收益的交易策略，并进行大量交易的情况下，你才有可能获利。在实盘交易中有时候你会在一连串的交易中获利，有时候又会在一连串的交易中亏损。产生亏损是你交易过程的一部分，不要惧怕亏损，更不要因此而畏惧交易，重要的是控制和限定亏损。

在技术分析出现的早期，金融学术界对它并不认可，即使是现在也有很多人声称他们不按技术分析进行交易，我想他们肯定有自己的理由。金融市场的跌宕起伏是多空双方大众情绪和力量的决战。没有人能确保使用精确到点的技术分析就一定能成功获利，任何技术分析和技术形态都有失败的时候，或许是它的出现导致了它的失败。

魔高一尺，道高一丈。面对日益复杂的图形，你不要轻易相信自己能够超越市场，超越个股，你需要做的是超越自己！

在本书的翻译过程中，得到身边很多朋友的大量帮助。他们是：朱杰、吴文莉、李超杰、陈鼎、余锋、常红婧、郑星、田军、彭家伟、张苹、苏远秀、范纯海、张毅、吴春梅、肖艳梅、张毅。其中第一章由肖艳梅翻译；第二章由朱杰、吴文莉翻译；第三章由张毅、李超杰翻译；第四章由常红婧、彭家伟翻译；第五章由余锋翻译；第六章由陈鼎翻译；第七章由张毅翻译；第八章由田军翻译；第十章由吴春梅翻译；第十一章由郑星翻译；第十二章由苏远秀翻译；第十三章由张苹翻译；第十四章由范纯海；其余部分由康民翻译；全书由康民负责统校。可以说，没有他们的帮助，本书的翻译是无法完成的。在此一并表示感谢！

虽然译者尽最大努力保证译文的准确性，但由于水平所限，疏漏之处在所难免，希望各位读者斧正。

序　言

"交易是没有终点的旅行。"

几百年前，技术分析就诞生了，投资者用它来确定价格更可能的是向那个方向前进。它让投资者和交易者能够在市场中识别各种获利机会。技术分析依靠的就是市场中重复出现的各种具体形态，它们是总结交易策略并实施这些策略的基础。

形态交易策略主要针对各种交易形态，每种形态都有自身特有的基本结构，这些结构都是符合斐波那契比率的几何图形。一旦交易者花上一些时间观察并学习这些基本结构形态，它们就很容易在市场中被识别出来。

在几何形态和斐波那契比率的基础上，著一本形态识别的交易书，要感谢那些几何学的先驱，像毕达哥拉斯（Pythagoras）、阿基米德（Archimedes），当然还要感谢著名的数学家莱奥纳多·迪·皮萨（Leonardo di Pisa）。这些伟大的学者在他们有生之年都去过埃及，研究过金字塔。对他们来说，就重要性而言，结构尺寸上的宏大远不及各种角度的万分之一。金字塔的部分神秘之处就是有关黄金分割点的数学问题，它也被称为神圣比率，即0.618。

当技术分析在学术界生根发芽的时候，我们开始编纂这样的交易书籍。但大家开始看重这方面的技术分析书籍，也就是最近几年的事。

学术界的认可

　　华尔街的专家们曾经很多年把技术分析看作是巫师占卜，一直回避技术分析。直到2000年4月17日才出现转折点，美国麻省理工大学的安德鲁·W.劳博士（Dr. Andrew W. Lo）在《商务周刊》上发表了题为《魔力生金》的文章，文章证实技术分析确实有它自身的优势。这对于一直在成功使用形态识别的技术分析人士来说，一点也不惊奇。

　　然而，这篇文章却把技术分析从魔法时代带到了学术王国。普林斯顿大学出版社出版了一本劳博士和A.克雷格·麦金利（A. Craig MacKinlay）著的书《非随机漫步华尔街》，该书分析了形态有用的原因及其重复的过程。对于现在电视和各种出版物上有如此众多的图表形态出现在金融参与者面前，这可能是原因之一。

　　在劳博士和麦金利的书出版之前，就有很多著名的技术分析师，我们得感谢他们。这些对技术分析有开创性贡献的分析师包括H. M. 加特利（H. M. Gartley）、威廉·加勒特（William Garrett）、爱德华兹和麦克基、法兰克·塔布斯（Edwards and McGhee, Frank Tubbs）、R. W. 斯卡贝克（R. W. Schabacker）、威廉·邓尼根（William Dunnigan）、拉尔夫·艾略特（Ralph Elliott）、约翰·墨菲（John Murphy）、琳达·拉斯琦克（Linda Raschke）、约翰·希尔（John Hill）、布莱斯·吉尔摩（Bryce Gilmore）、查尔斯·林赛（Charles Lindsay）和理查德·威科夫（Richard Wyckoff）等人。如果我们不慎漏掉哪位名师，请你多多包涵。

　　本书讲述的是一种简单实用的形态识别方法。它包括具体的操作方法，不但对技术分析新手有用，而且对交易老手也同样不可缺少。我们交易的座右铭是"交易你看到的东西，而不是你认为的东西"。一个纯粹的技术交易者仅仅对蜡烛线及其组合感兴趣，它们才是交易中唯一真实的东西。交易者必须学会相信市场价格走势告诉他们的东西。你可以通过形态识别研究价格行为达到这样的境界。

本书内容概述

本书向读者全方位地剖析了各种具体形态。我们在全书中插入各种市场走势图，旨在说明这些形态存在于各个市场和各种时间结构中。我们展示的各种形态中包含一些古典技术形态，也包含一些以几何学和斐波那契比率为基础的形态。下面是各章节的概述。

第一章：**开篇导论**——关于如何使用本书，本章中我们向读者介绍了我们自己的一些看法。根据与大量交易者打交道的经验，针对交易的成功与失败，我们也阐明了自己的观点。

第二章：**形态几何学和斐波那契比率**——这一章讲述了市场的简单几何学，以及 X 轴和 Y 轴如何展示市场三角形。我们同时介绍了斐波那契比率的历史，并重点说明了适用于交易的比率。

第三章：**调和数及其应用**——本章说明了所有金融市场都具有我们称之为调和重复波段的走势特征，它是每个特定市场固有的。这一章开始介绍每种形态的基本结构。

第四章：**AB=CD 形态**——这种形态是任何市场和任何时间结构中最容易识别的形态之一，也是书中介绍的其他几种形态的基础。

第五章：**加特利"222"形态**——起源于加特利 20 世纪 30 年代的著作，这种形态是一种古典回撤形态。

第六章：**蝴蝶形态**——蝴蝶形态常见于底部和顶部，是一种极端的转折点。非常适用于权证交易，入场风险一般较低。

第七章：**三推浪形态**——这种形态通常预示着主要反转点或趋势中的一个复杂调整形态。当它形成时，很容易在价格走势图上识别出来。

第八章：**回撤入场和多重时间结构**——我们利用斐波那契比率和回撤形态进行顺趋势方向入场交易。同时介绍如何联合多重时间结构。

第九章：**古典技术分析形态**——本章采用斐波那契比率讨论头肩形态、双重顶和双重底形态、多重顶和多重底形态。

第十章：识别趋势日——本章内容的价值远远超过本书的价钱。它告诉交易者如何识别趋势状态，如何顺着趋势方向入场。我们同时讲述了如何使用斐波那契比率确定趋势状态的支撑和阻挡。我们也强调了当市场处于强劲趋势状态时，避免进行与主趋势方向相反的反弹交易。

第十一章：交易管理——交易管理的关键在于充分理解风险是交易的最重要因素。我们讲述了如何确定仓位大小及总体资金风险的计算方法。本章也介绍了我们用来入场或持仓的警示信号和确认信号。

第十二章：斐波那契比率和形态在权证上的应用——在美国几乎每个流动性较好的可交易品种都有权证。形态识别作为一个领先指标，也同样适用于权证。我们在本章讲述一些基本的权证策略，它们可以帮助交易者把风险最小化，并可获取较大的利润。

第十三章：交易计划——一旦你学习过这些形态，你随后就可以开始编制交易计划。本章讲述如何编制交易计划，随着你在交易中获得经验，你可以在此基础上不断修改自己的交易计划。本章描述的交易计划涵盖了半个多世纪的经验。

第十四章：日常工作——交易作为一个行当有它自己必不可少的日常工作，成功交易者和不成功交易者的区别在于思想和准备的不同。成功交易者每天做同样的工作去为交易做准备。本章为你的日常工作建言献策。

作为使用形态识别的交易者，你的工作就是掌握这些重复发生的形态，找出内在的价格比率，做出相应的预测。我们希望在你不断前行的路上，你发现这本书是值得你珍惜的向导。我们在此衷心祝愿你交易成功。

致 谢

我们要感谢罗宾·霍瑞纳（Robin Farina）和里奇·克瑞恩（Rich Crane），是他们花费了大量的时间，非常耐心地为本书做了很多贡献。我们也要感谢我们的朋友——Ensign 软件公司的约翰·阿林顿（John Arrington）和霍华德·阿林顿（Howard Arrington），本书所有的图表都是用他们的软件制作的，那个软件非常适合我们的交易方法，用户可以进行各种个性化设置。我们还要感谢给予我们很大支持的雪莱·西蒙（Shelli Simon），提供校核和评论的迈克·道格拉斯和琳达·拉斯琦克（代表作《华尔街交易智慧》，中文版"舵手经典111"），以及《Futures Truth》杂志的约翰·希尔（John Hill），他提供了不少重要信息和一些珍贵参考图书，如《机械交易系统高级指南》（中文版"舵手经典109"）。

特别感谢加里·波特（Gary Porter），他从一个学习者的角度耐心校订了书中每一个字，我们非常欣赏他的观点和评论。

非常感谢约翰威利父子公司的所有参与者，是他们策划了这本书。感谢埃米莉·赫尔曼（Emilie Herman），她为本书花费了大量的时间，这一点我们非常感激。

虽然不太可能列出所有技术分析大师的名字，但是在本书中确实提到一些对我们有重要影响的大师的名字，还有一些仍然和我们在一起的大师的名字。在金融市场技术分析发展的历程中，那些本书提到过的大师的贡献是不容忽视和低估的。

特别致谢

在这里我要特别感谢和感激拉里·派斯温托（Larry Pesavento），是你指引我进入斐波那契比率的精彩世界。谢谢你启发并帮助我把我的激情转换成实实在在的交易技术方法，谢谢你开启了我的交易之旅。

我也非常感谢我的家人——我的妈妈、爸爸以及我的兄弟马蒂（Marty）和托德（Todd），谢谢他们对我交易事业的支持。我还要感谢我的丈夫加里，谢谢他一如既往的支持。

莱斯莉·久弗拉斯（Leslie Jouflas）

目　录

第一部分　形态交易导论 ... 1

第一章　开篇导论 ... 3
如何使用本书 ... 3
交易成功与失败 ... 4
如何取得交易成功 ... 7

第二章　形态几何学和斐波那契比率 ... 9
市场几何学历史 ... 11
斐波那契比率 ... 13
斐波那契比率应用 ... 16
总结 ... 19

第三章　调和数及其应用 ... 21
调和数的起源 ... 21
定义一个调和数 ... 22
价格波段的振荡 ... 23
价格波段的重复 ... 26
寻找调和数 ... 31
其他市场调和数 ... 37

第二部分　各种价格形态和形态交易 ... 39

第四章　AB=CD 形态 ... 41

AB=CD 形态的历史 ·············· 41
AB=CD 形态描述 ·············· 43
AB=CD 形态结构 ·············· 44
AB=CD 形态的主要特征 ·············· 46
CD 波段变体 ·············· 47
斜率和时间结构 ·············· 51
AB=CD 形态市场心理 ·············· 52
AB=CD 形态交易 ·············· 54

第五章 加特利"222"形态 ·············· 59
加特利"222"形态的历史 ·············· 59
加特利"222"形态描述 ·············· 61
加特利"222"形态结构 ·············· 62
加特利"222"形态的主要特征 ·············· 63
加特利"222"形态市场心理 ·············· 66
加特利"222"形态交易 ·············· 67

第六章 蝴蝶形态 ·············· 75
蝴蝶形态的历史 ·············· 75
蝴蝶形态描述 ·············· 77
蝴蝶形态结构 ·············· 78
蝴蝶形态的主要特征 ·············· 80
蝴蝶形态市场心理 ·············· 81
蝴蝶形态交易 ·············· 82

第七章 三推浪形态 ·············· 91
三推浪形态的历史 ·············· 91
三推浪形态描述 ·············· 92
三推浪形态结构 ·············· 93
三推浪形态的主要特征 ·············· 94
三推浪形态市场心理 ·············· 95

三推浪形态交易 …………………………………………… 96

第八章　回撤入场和多重时间结构 ………………………… 103
　　　斐波那契回撤入场 …………………………………………… 103
　　　斐波那契回撤形态结构 ……………………………………… 104
　　　斐波那契回撤形态交易 ……………………………………… 107
　　　开盘价回撤交易理念 ………………………………………… 111
　　　开盘价回撤交易机会 ………………………………………… 112
　　　开盘价回撤交易案例 ………………………………………… 113
　　　多重时间结构 ………………………………………………… 117
　　　使用多重时间结构和斐波那契回撤进行风险管理 ………… 120
　　　多重时间结构中的多重形态 ………………………………… 121

第九章　古典技术分析形态 ………………………………… 127
　　　技术分析历史简介 …………………………………………… 127
　　　技术分析的基础 ……………………………………………… 129
　　　双重底和双重顶形态 ………………………………………… 129
　　　头肩形态 ……………………………………………………… 135
　　　拓宽顶和拓宽底形态 ………………………………………… 141

第十章　识别单边趋势日 …………………………………… 147
　　　识别单边趋势日 ……………………………………………… 148
　　　单边趋势日内出现的形态 …………………………………… 151
　　　用于单边趋势日的斐波那契比率 …………………………… 154
　　　单边趋势日风险控制 ………………………………………… 157
　　　单边趋势日交易 ……………………………………………… 158

第三部分　交易的基本要素 ………………………………… 165

第十一章　交易管理 ………………………………………… 167
　　　按胜算概率来思考 …………………………………………… 168
　　　警示信号和确认信号 ………………………………………… 170

第十二章　斐波那契比率和形态在权证上的应用 ………… 181

认购权证和认沽权证……………………………………… 181
　　权证价格影响因素………………………………………… 182
　　权证策略和风险控制……………………………………… 183
　　根据扩展形态应用权证交易策略的案例………………… 185

第十三章　交易计划……………………………………………… 189
　　日常交易计划……………………………………………… 190
　　商务计划…………………………………………………… 198
　　灾难应急计划……………………………………………… 201
　　总结………………………………………………………… 206

第十四章　交易日常安排………………………………………… 209
　　交易准备…………………………………………………… 209
　　心态准备…………………………………………………… 213
　　体能准备…………………………………………………… 215

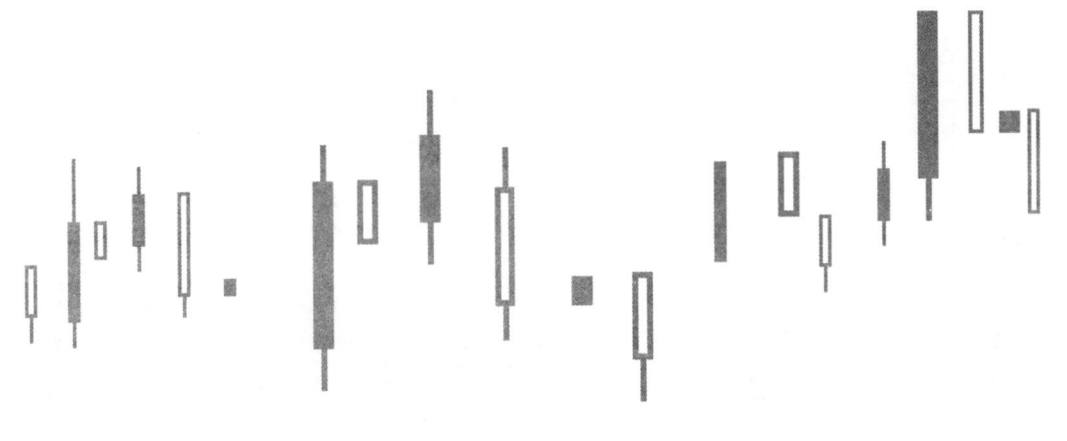

第一部分　形态交易导论

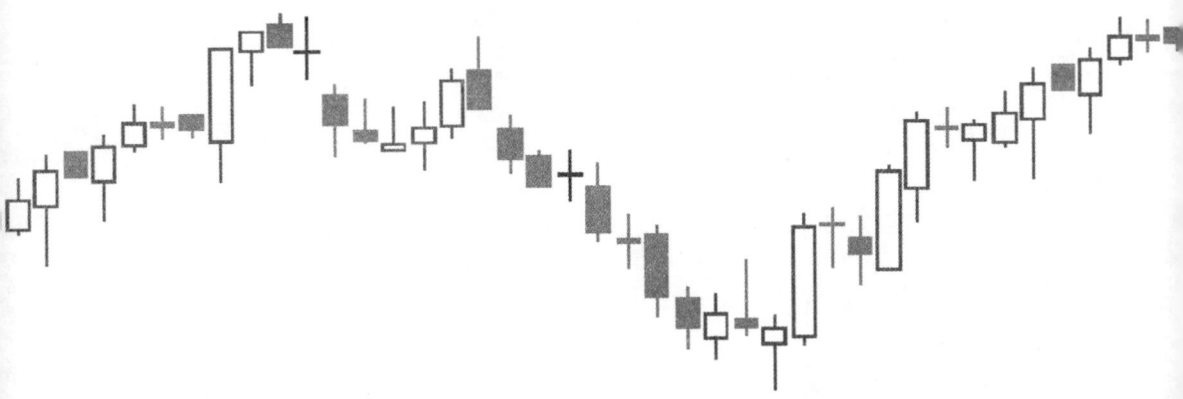

第一章 开篇导论

这些年来，我们接触过很多交易者。一些是刚开始交易，另外一些是有经验的成功交易者。他们中有些是成功的，有些是失败的，对此我们进行了深入的探讨，我们觉得与本书的读者朋友们分享自己的看法将会是非常有意义的。

当你阅读此书，学习这个交易方法时，我们希望这些观点能帮你走上交易成功之路。交易需要努力工作，并持之以恒。它常常会进两步退三步。但一旦你找到一个持续成功的方法，就没有什么行业能像交易一样。

在这第一章中我们介绍了使用本书的最佳方式，讲述了我们对交易成败的看法。同时针对如何获得交易成功，我们也给交易者提出了具体的建议。

如何使用本书

当你快速浏览此书时你会看到，我们列举了很多具体的走势形态，针对每种形态，都讲述了如何入场和管理交易过程。我们建议你循序渐进地学习，每一天学习一两种形态。

我们同样建议你按照这些形态出现的先后顺序逐个学习研究。在学习形态构造之前，先掌握相应的几何学和调和数知识。这将帮助你打下坚实的基础，利于你以后理解我们所要讲述的东西。

在每一种形态的章节，我们列举了很多案例。一旦你掌握了这些形态的基本构造，你就可以学习如何交易这些形态，并把它们融入到具体的交易实践中去。我们建议交易者先做一些"纸上谈兵"或模拟交易后，再投入具体的资金。

学习市场运行规律需要时间和实践。对于投资者和交易者而言，这是无价之宝。确定市场处于趋势状态还是盘整状态是至关重要的。识别各种市场的微妙的对称性对形态交易者来说是绝对的先决条件。

你只能通过一件事来达到成功，那就是：实践，实践，再实践。

本书策略可以被用来获利的唯一方式就是充分掌握每一种形态，并应用切实可行的交易规则。为了帮助每位交易者达到这个境界，我们专门讲述了交易计划的编制准则，包括形态识别、盈亏概率、资金管理、风险评估、进出场技巧。此外，还要把交易当作一个行业，一项业务，要为预料不到的事情做好准备。不把交易当作一个事业来做是错误的。即使交易者没有全职做交易，也应该把交易当作第二事业。

值得注意的是：本书的很多案例都是标普 500 迷你电子盘股指期货合约（S&P 500 E-mini contract）的市场走势。对交易者而言，这是一个流动性极其充沛的市场，非常适合形态交易。你会发现我们把这样的一些行情图表标为"ES"，它就是标普 500 迷你电子盘股指期货的基本代码，还有一些标为 S&P 500。

交易成功与失败

每一个交易者都有责任不断提高水平，制定和恪守纪律，它们是交易成功的必要条件。我们还没有发现，也不知道哪里有能确保你交易成功的"圣杯"和不需要任何努力的交易方法。在很多经典的交易书籍中，像加特利（H.M.Gartley）1935 年著的《股市利润》（中文版"舵手经典 146"），就有很多关于交易成功与失败的论述。非常有意思的是，几十年来，我们还没发现有什么大的变化，好像一直就是那些东西在阻碍着交易者获得成功；然而，交易者确实可以通过自己的努力实现交易成功。

交易就像其他行业一样。初学者先学习基本东西，然后在自己选择的领域再学习更加复杂和更有深度的知识和理念。任何一个行业，没有一个专业人士不是通过刻苦努力和大量实践而最终成功的。任何一个专业领域都要求从业者有坚韧不拔的意志去经历失败与成功的洗礼。失败的教训是最好的老师。不断吸取教训，积累经验，提高自己，持之以恒，你就能做到交易成功。

练就一个好的心态对于交易成功是很重要的。要学会接受亏损，亏损和盈利是有概率的事件，它们都是交易的一部分。要把这些理念融入到你的思想中去，在你做交易时不用过多思考这些东西。这本身就需要一个学习实践的过程。

商品期货经纪公司（Zaner Group）的业务发展总监拉里·施耐德（Larry Schneider）说过，在新手开始学习交易的时候，花在学习交易方法或策略系统上的时间常常是太多了，这其实并不利于获得交易成功。按照他的观点和经验，对于新手而言，首先注重思想准备，锻炼心态是比较有利的。他指出新手必须学会理解：要做好交易都有一个学习的过程，会有一些亏损，如果交易者不采取措施保护本金，账户资金可能会亏损掉。

每一位交易者基本上都不得不经历同样的曲折，好像没人能幸免。施耐德根据他34年的期货从业经验，建议新手在学习过程中要用少量资金先交易迷你合约。如果交易者利用这些时间去锻炼执行交易计划的能力，平和自己的心态，他们就会远远超越这个游戏。他的建议就是先从思想准备开始，然后再完善交易方法和交易计划。

为什么有些交易者成功

我们培训、指导很多交易者，也与很多交易者一起工作。交易中可以发生的所有事情我们都见到过，也经历过。我们在下面总结了一些交易成功的原因：

- 丰富的知识和对所交易市场充分的了解。
- 在如何交易所选市场方面有较高的技术分析水平。
- 确有优势的交易策略。
- 足够多的资金。
- 注重概率，而不是某一次交易的结果。
- 较好的资金管理策略；坚守资金管理原则。
- 可以从交易高手那里学习交易专业知识。
- 风险第一，利润第二。
- 应用一整套交易规则。
- 坚持日常工作，包括心态准备。
- 采用止损策略。
- 保持较强的信心和积极的态度。
- 确保完成整个交易过程。
- 持之以恒。
- 对自己的交易行为及其结果承担100%责任。
- 养成忘记上次交易结果的习惯，努力做好下一次交易。

为什么有些交易者失败

相反，我们同时也观察到了交易者失败的原因。我们在此与你分享这些原因，希望你能够从这些错误中吸取教训，避免类似的失误。有一条古老的谚语说过："聪明的人从自己的错误中学习，睿智的人从别人的错误中学习。"

- 缺少专业知识，交易者开始交易很长时间了，却一直没有理解投机的内涵。
- 缺少资金，小额账户一般都亏钱。很少一部分小额账户最终成功地生存下来，是因为他们充分理解了交易杠杆是一把双刃剑。
- 没有交易策略，靠感觉做交易。
- 没有交易计划。
- 不使用或没有正确使用资金管理策略。

- 不寻求交易高手或指导老师的帮助，不想在交易培训方面投资。
- 缺乏对交易风险的认识。
- 对成功交易的心理准备认识不足。
- 无交易规则。
- 更改交易计划，过早出入场或调整止损，放弃交易机会。
- 随机交易，不遵循交易计划，常常感情行事。
- 不制定和遵守纪律。
- 不吸取以前错误教训。
- 不能坚守整个交易过程。
- 不使用止损，这是小亏变大亏的最主要方式。
- 把责任推给外在原因，不对每一次交易承担100%的责任。

如何取得交易成功

在学习交易的时候，一个非常重要、需要牢记的问题是：**你重复采取的每一个动作都会变成一种习惯**。这些习惯最终将导致你交易失败或成功。习惯本身并没有好坏之分，但这些习惯在交易中要么具有消极的作用，要么具有积极的作用，这些作用的结果就会导致你交易的成败。因此，对交易者来说最重要的就是努力培养能促进成功的最好习惯。

交易者需要通过测试和试用不同的交易策略，来选择适合自己的交易策略。他应该坚信自己交易策略中的胜算概率优势最终会产生一个积极的交易结果。希望交易者认真分析总结我们在前面列出的那些交易成败的原因。

如果你是一个有经验的交易者，你已经养成某些特定的习惯，但它们并没有让你的交易产生预期效果，那你就需要花时间评估你的交易，分析存在的问题，并据此培养能帮你达到预期结果的习惯。第13章编写有一张"二十次样本交易工作表"（图13.2）；目的就是帮助交易者培养新的交易习惯。交易者通过它记录在交易中做出的同一操作来培养新习惯，总结这种交易习惯的效果。

积极的习惯会产生积极的结果。负面的习惯会导致负面的结果，最终会亏损殆尽。列出目前交易中所有的不良习惯，对于把它们逐渐转变成为积极习惯是非常有益的。

一个典型的不良习惯或许就是交易者经常在价格到达获利目标之前就提前出场；对应的积极习惯将会让交易者一直持仓等待，直到市场价格到达目标价位。另一个不良习惯或许是交易者在形态形成之前就提前入场；对应的优良习惯会使交易者在形态交易的入场点入场。严格按照交易计划进行交易本身就是一种优良习惯。交易者要在执行交易计划的过程中领会优良习惯的优势，找出当前习惯和理想习惯的差距，然后逐渐缩小差距，这样才能提高交易水平。

相反，对于优良的习惯要注意保持。在交易中，你正确执行的动作，都可以进一步发展成为自己的优势。

你可以建立支持系统帮助你培养优良习惯。支持系统可以是你与另一交易者之间的伙伴监督系统。这种互相监督的问责制系统从来就没有什么坏处，它可以帮助你达到你最终的目标，但从长远来看，每一个变动都是你自己的责任和义务。

为了实现交易成功，你可以用下面列出的几个条目，帮助你建立指导计划：

- 确定积极习惯。
- 用积极习惯替代不良习惯。
- 对每一次交易结果承担100%的责任。
- 建立支持系统助你成功。
- 采取积极措施完善交易操作。

先从一个能帮助你达到目标的行动列表开始吧！相信自己，你会是一个成功的交易者。

当你学习本书中交易形态时，我们希望前面提到的东西能在你取得交易成功的道路上有所帮助。

第二章　形态几何学和斐波那契比率

本书讲述的所有形态都是建立在几何学基础上的；每一种形态的结构都是几何图形。在每一种形态的章节，我们讲述各种形态的结构，以便于你学习掌握这些形态是如何形成的。本章先给出一个总体概述，同时简要介绍金融市场中几何学的历史。我们希望你理解市场中几何学所扮演的重要角色，特别是在本书讲述的几种形态中，几何学更是重要。

我们会向你简单介绍几个在这方面比较领先的前辈大师，像 W.D. 江恩（W.D. Gann）、乔治·拜耳（George Bayer）以及《市场几何学》的作者布莱斯·吉尔摩（Bryce Gilmore）。

图 2.1 就是我们在书中所指的几何三角形或对称形态。它展示了一个完美的价格三角形，本身就是一个交易机会。

相反，图 2.2 展现了一个非对称几何形态，一般情况下，我们对这样的形态不予考虑，要寻找的是对称性最强的形态。这个案例展示的是一个极端延伸的趋势。请注意图中的大阴线，它预示着市场会在这种时间结构上继续出现大幅下跌，这是一种警示标志，在本书第十一章将会有详细讲述。

图 2.1　价格走势形成对称三角形

还有一个案例显示了两个对称三角形，参见图 2.3，这是 AB = CD 形态的基础（详见第四章）。我们在本书中多次强调对称性，等你学习完这些形态之后，你会充分理解这一点。

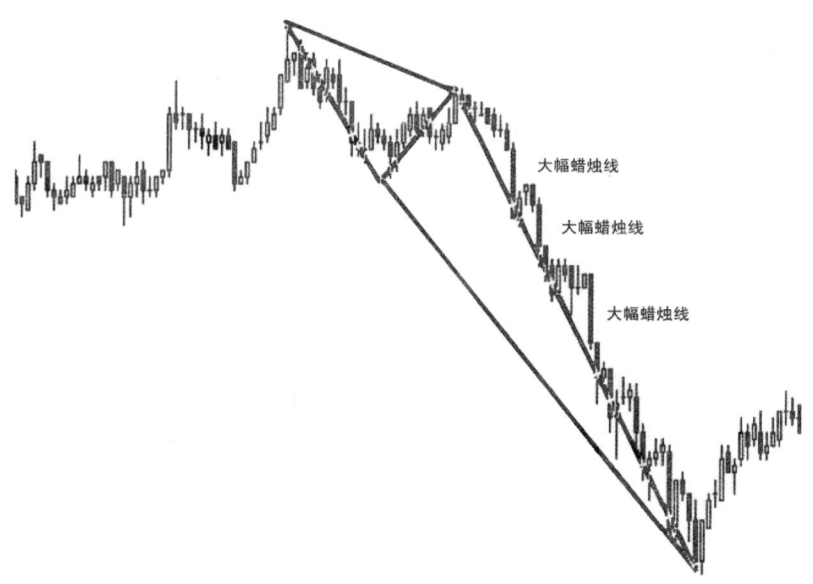

图 2.2　非对称三角形价格走势

第二章　形态几何学和斐波那契比率

市场几何学历史

20世纪30年代江恩在他的著作里面，最先提到了技术分析及其与几何的关系，也提出了著名的江恩角度，现在我们可以在很多行情分析软件中都能找到它。其中最有名的是45度线和他的9方图，这基本上把一个圆分割成12个30度的部分。事实上，这是使用调和数的一种方式（见第三章调和数），但使用的方式与本书讲述的方式有很大的不同。

江恩去世于20世纪50年代早期，在他身故后，关于江恩的工作和生活一直有很多推测和猜想。有些传言说他从交易中挣的利润超过五千五百万美元，但是他目前仍然健在的四个孩子作证说那不是真的，只承认他的遗产大约值25万美元，在那个年代，这仍然是一个相当可观的财富。

在20世纪30年代，一个名叫乔治·拜耳的交易者向其他交易者介绍了整套斐波那契求和级数。他写了几本书，其中比较特别的一本是《哥伦布的鸡蛋》，在20世纪80年代中期曾经报价25000美元，发行量非常少，而且不到100页，大多数读者很难看懂。拜耳在其中用鸟、鱼和哺乳动物图案作为一种神秘的编码描述了斐波那契比率的应用。这些编码对于熟悉斐波那契求和级数的人来说是显而易见的，但对于那些不熟悉的人来说就是困难重重。他或许试图向读者暗示斐波那契数字与天文学之间强烈的数字关联。

不像江恩的子女那样，拜耳的女儿声称她父亲在他的投机业务中做得非常成功。每年他都会从他的家乡加利福尼亚州卡梅尔市乘坐私人有轨机动车到芝加哥商品交易所去交易谷物。

作为市场投机者，江恩和拜耳唯一共有的兴趣是对市场占星学的研究，它有时也被称为天体循环。虽然我们在本书中没有包含天体循环的内容，但是有一篇文章值得一提，丽莎·伯勒尔（Lisa Burrell）在2006

年11月的《哈佛商务评论》发表的文章引用了伊利亚·D.迪切夫（Ilia D.Dichev）和特洛伊·D.简斯（Troy D.Janes）关于28.5天月亮圆缺周期内股价变化的研究成果，指出这种月亮周期或许在预测股票价格方面有用。

这一点也不惊奇，市场本来就是由参与者的能量来提供动力的。这么多年以来，一直就有记载人的情绪和行为随月亮周期而变化，这也同样能在市场价格变化中找到。

文章甚至引用具有传奇色彩的20世纪金融家J.P.摩根（J.Pierpont Morgan）的话："虽然百万富翁不用占星术，但亿万富翁使用。"很多年以来，这位金融家一直雇佣着一个名叫伊万杰琳·亚当斯（Evangeline Adams）的全职金融占星家。

阿尔希·克劳福德（Arch Crawford）或许是当代交易界占星家中最出名的一位，他有不少非常准确的市场预测，都刊登在他的时事通讯《克劳福德视点》中。

另一位在市场交易中使用几何学的重要先驱是威廉·加勒特（William Garrett）。他的书《股票市场周期的转矩分析》（*Torque Analysis of Stock Market Cycles*）出版于1972年（现在仍然可以通过交易者出版社买到）。在这本书中加勒特描述了价格行情的发展历程。在第89页，他解释了市场行情是如何以三角形的形态来完成整个扩展进程的。这些扩展形态形成了一个圆，把这个圆按照面积或周长进行正方化，就会产生一个椭圆。这可以通过斐波那契数字向前的逐级演化来实现。

- 0.618——1.618
- 1.618——2.618
- Pi（π），3.14，就是圆周率

你们可以放心，我们在本书中所讲述的形态不会像上面这个这么复杂。几位非常有成就的市场技术分析师在市场几何学方面进行了终生的研究。由于他们的突破和进展，我们现在才有了本书中的这些形态，它们都建立在神秘的几何学和斐波那契比率的基础上。需要指出的是，这个神秘的几何学基础并不是宗教的性质,而是一个由比率、平方根、1 到 5 的倒数组成的基础。

斐波那契比率

那么什么是斐波那契比率,它们来源于哪里呢?我们先来弄清楚它们是什么。我们要回溯到古代去回答这个问题。毕达哥拉斯(Pythagoras,约公元前 580—前 500 年)被认为是现代几何学之父。他也是一位伟大的古希腊哲学家和毕达哥拉斯哲学同业会创始人。他和他的学生都坚信现实存在的东西都具有很强的数学属性。他们相信数字和比率是调和的,一切都是通过数学联系在一起的。然而,我们今天使用的数学体系并不是毕达哥拉斯和他的学生们使用的,二者相差很多世纪,因此他们在证明他们的理论上有很大的局限性。

图 2.3　两个对称三角形形成 AB=CD 形态

这种对调和与比率的信仰在历史上与黄金分割比例产生了很多联系。黄金分割比例还有一些别的称呼,比如神圣比例、黄金比率。它们统称为 phi（希腊文第 21 个字母），这是描述部分与整体关系的数学术语，也被称为完美比例。

这些教导和毕达哥拉斯别的思想流传了很多世纪。甚至有人声称共济会（Freemasons）就是毕达哥拉斯秘密学校的一个分支流派。

如果我们回溯到大约公元前 300 年，这是古希腊最后一个伟大的哲学家欧几里德（Euclid）生活的年代。他是第一个明确地把黄金分割表示成一个数学比例的人。图 2.4 是这个比例的插图。线段 AB 代表整体，AB 比 AC 的比例与 AC 比 CB 的比例是一样的，这就是 1.618：1，也可称为 phi，就是黄金分割。

图 2.4　黄金分割比例

这个黄金分割比率大量出现在自然界、音乐、艺术、科学和宇宙中。世界七大奇迹之一的吉萨大金字塔，就是以这个比率为结构的。其它的实例包括帕德教神殿和很多著名艺术家的作品，像达·芬奇（Leonardo Da Vinci）、伦布兰特（Rembrandt）以及 19 世纪英国艺术家约瑟夫·马洛德·威廉·透纳（J.M.W.Turner）的作品，这几位只是其中的几个艺术家。如果你研究艺术历史书籍，你就会发现大量的艺术家在创作时采用这些比例，以便于达到平衡与谐和的效果，有一些非常隐晦，有一些则非常明显。

自然界中这些比例无处不在。他们存在于我们工作生活的各个方面。很多花草的品种——比如向日葵、玫瑰、雏菊——都非常惊奇地具有这种比例特性。海贝、菠萝，甚至我们的脸、身体和四肢都与黄金分割成比例。如果你测量你胳膊肘到你指尖的距离，然后再测量指尖到手腕的距离，接着再测量手腕到胳膊肘的距离，这些长度之间的比例就是图 2.4 所示的黄金分割比例。

在宇宙中，也有很多这种比例的实例。行星在椭圆轨道上运行，它们的轨道与斐波那契求和级数的扩展巧合在一起。一个例证就是地球轨道与金星/天王星循环周期的关系。这些行星轨道之间具有独特的斐波那契比率 0.618 关系；金星和天王星从一次会合到下一次会合需要 225 天完成一个循环。如果我们用地球的周期 365 天乘以 0.618，我们会得出 225 天。有太多天体之间的关系具有这种类型的循环，我们就不一一列举了。

我们现在沿着时间轴回溯到 12 世纪的意大利比萨市。莱昂纳多（Leonardo 约 1170—1240）就出生在这里。他在教育被重新重视的年代长大，特别是重视希腊科学和哲学的年代。

斐波那契是莱昂纳多死后才有的昵称，可能起源于他父亲的名字波纳契。不管怎样，今天他的名字就等同于斐波那契数列。

莱昂纳多最初用一种起源于罗马数字的系统研究数学。他很快对数学的发展做出了巨大贡献，直到今天我们都在使用他的研究成果。他在几个地中海国家研究了采用 9 个数字的东方（印度）数学系统，并与一些数学家进行了精心研究。据说莱昂纳多确实到了埃及，研究了金字塔的数学比例，包括吉萨金字塔。发现金字塔的尺寸包含斐波那契比率或黄金分割比例对他来说，肯定是最有兴致的事情。

根据这些研究，他写了一本书，命名为《算术》(*Liber abaci*)。它向世界展示了采用 9 个数字的数学体系。他在书中详细地讲述了令人印象深刻的数学知识，并最终成为我们正在使用的标准数学体系。

在这革命性的体系出现之前，所有的计算都是用算盘艰难地算出来的。当然，错误是很难追踪的，因为每次检查必须重新做。他的新数学符号简化了当时最复杂的数学计算——乘法和除法，更不用说别的数学问题了。商业在当时的欧洲已经显露出繁荣的景象，这些问题的解决有力地促进了商业的发展。

斐波那契数字得益于莱昂纳多解决的一个兔子问题，这个问题促使了斐波那契数列的发现。在他的《算术》书中，有一道问题是：以两只兔子为起点，在一年的时间内总共可以得到多少只兔子？答案就是我们今天熟知的斐波那契求和级数：

1，1，2，3，5，8，13，21，34，55，89，144，233，377，610，987，1597，2584，4181，6765，10946……

结果直到无穷大。每一个数字都是前两个数字之和，就像1+1=2；1+2=3；2+3=5，3+5=8。关于这个数列的很多事情是很奇异的，但最特别的是它与黄金分割比例的关系。如果你在第八个求和序列数之后取两个数，用较小的数除以较大的数，你会得到0.618。

下面是三个例子：

1. 89÷144 = 0.618

2. 987÷1597 = 0.618

3. 6765÷10946 = 0.618

如果你在第八个求和序列数之后用较大的数除以较小的数，你就会得到1.618，这是扩展比率之一，你会在本书后面的案例中看到它。比如：

$$377÷233 = 1.618$$

莱昂纳多的贡献推动了数学的发展，但在商业上，他的数学经历了很多年才开始发挥作用。有人曾说这是他最早的设想。值得怀疑的是，他是否真地设想过这个难以置信的数列会在几个世纪后被用于投机和交易的艺术。

在本章的下面一部分，我们看一下我们基本上每天都要在行情形态中使用的斐波那契比率。

斐波那契比率应用

你可以从斐波那契数字中推测出很多斐波那契比率。但我们在交易中只看重几个比率。在后面的章节中，你会看到很多使用这些比率的例子。

我们在行情形态结构中主要使用的斐波那契比率有：

- 0.618——Φ
- 0.786——0.618 的平方根
- 1.000
- 1.272——1.618 的平方根
- 1.618

我们偶尔也使用一些次要的比率，它们有：

- 0.382——主要在趋势状态下使用
- 0.500——主要在趋势状态下使用
- 0.707——应用在结束于 0.618 和 0.786 之间的 AB=CD 形态
- 0.886——0.786 的平方根；应用在终点低于 0.786 的 AB=CD 形态
- 2.000——应用在市场延伸超过 1.272 和 1.618 的形态中。

图 2.5 展示了在使用斐波那契回撤工具时出现的斐波那契比率。这个图向我们展现了 0.382、0.500、0.618、0.786、1.000、1.272 和 1.618。当使用很多软件的斐波那契回撤工具时，这是一个标准的设置，也是我们使用的标准设置。

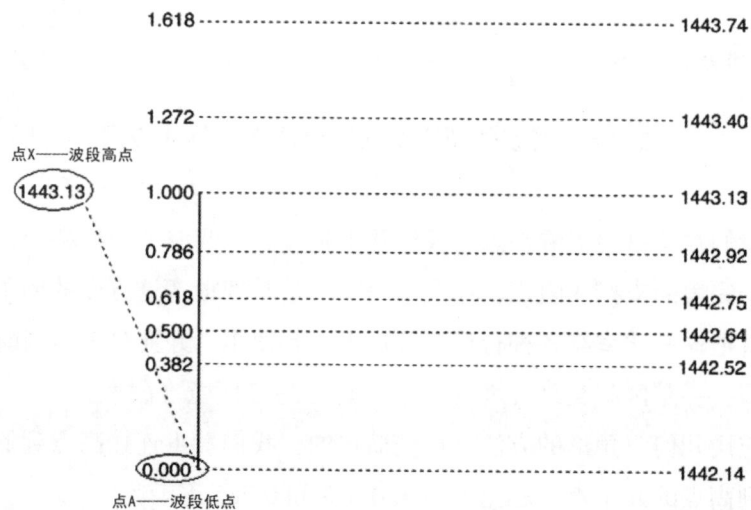

图 2.5　斐波那契比率

现在我们看看图 2.6，我们把斐波那契比率放到一个实际的行情走势图上。你可以看到价格在每一个斐波那契比率处是如何反应的。这是一个从低到高的波段，X 点是波段的低点。在这个例子中，价格支撑位几乎就在 0.618 回撤位处，它大约在整个波段高度三分之二的位置。0.382 回撤位基本上在整个波段高度三分之一的位置，0.500 回撤位就在整个波段高度一半的位置。0.786 回撤位大约在整个波段高度四分之三的位置。

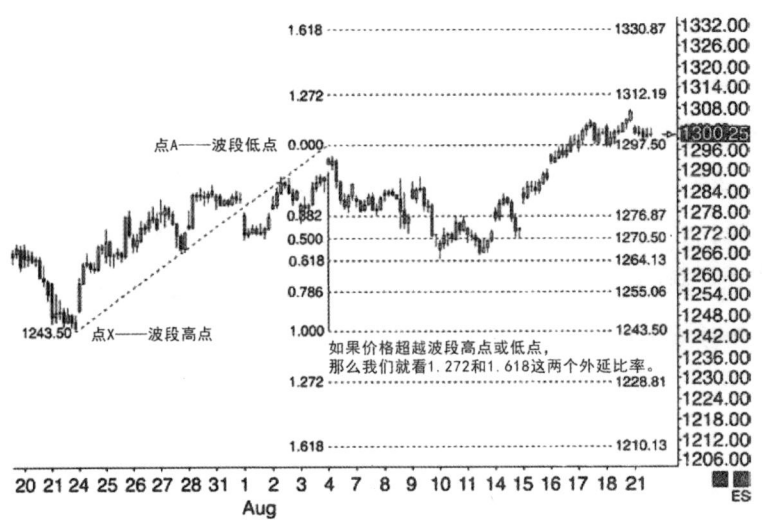

图 2.6 斐波那契比率在行情图上的具体应用

我们在这里想提醒一点，我们并不是每次在斐波那契比率处都能得到一个完美的支撑或阻挡，你在本书中将会看到很多这方面的例子。我们一直把这些比率与各种行情走势形态一起使用，并充分考虑当时的市场环境——是区间交易环境（收敛）还是趋势环境（发散）。

应用几何三角形的方法是比较简单的，我们看重连接高点到低点或低点到高点的几个点。三角形按照 0.618 和 0.786 逐渐收敛。

等腰三角形是那些具有 AB=CD 波段的形态（见第四章 AB=CD 形态）。外延三角形一般延伸到 1.272 和 1.618 比率处。那些非对称范畴的形态一般都是被强制走势的，是非自然的，应当规避。在那些形状良好的对称形态中有很多交易机会，交易者应当注重这些机会。请你再回头看看图2.3。但不论你使用任何交易方法，所有的交易都仅仅是一种可能性，从来就不是一种确定的东西。

当你学习这些形态时，你会观察到一些股票和市场更倾向于重复某一种斐波那契比率，而不是别的比率。比如，你可能注意到某一只股票更倾向于交易到0.786的位置，而不是0.618。或者你可能注意到某一个次要的比率更经常出现在某一股票和市场中，像0.707。当你在市场中看到这些情况时，注意这些观点是非常有用的。

总结

就像你在本章的评论中看到的，几何学和价格形态的形成交织在一起。几何学是我们在本书所讲述形态的重要基础。这些形态是由各种不同角度和尺寸的三角形组成的。我们为其中的一些形态起了非常形象的名字，像加特利"222"形态（第五章）、蝴蝶形态（第六章）。

这些形态的基本原则是一样的：它们都是几何形态；他们重复出现，而且能够量化。随着你学习的深入和经验的积累，你就能够甄别对称形态和非对称形态。

就像那些已经学习过而且正在使用这些原则的人所知道的，这些以几何学为基础的形态在市场中到处都是，你们需要有个人讲解一下如何识别它们。我们讲述的出发点是：假定你从来没有以这种观点和方式看待过价格走势图，就像我们当初开始学习的时候一样。

第三章 调和数及其应用

掌握什么是调和数以及如何使用它们是你充分理解市场行为和本书所讲形态的关键。调和数是非常有意思的振荡波段（的高度值），它们出现在每一个市场和每一只股票中。每一个市场都是由市场参与者提供的能量组成的。这反过来又产生了重复出现的、可测量的价格波段。

本章主要介绍调和数以及它们在本书所讲形态结构的作用和地位。我们注重调和数与价格波段的关联，以及如何在出入场及止损设置方面使用这些调和数。

调和数的起源

虽然调和数一直存在于各个市场品种中，但是这个具体的名字来源于吉姆·特温迪曼（Jim Twentyman）。特温迪曼是加利福尼亚州西木市康迪（Conti）商品交易办公室的经纪人，深入地研究过江恩的各种著作，被誉为江恩专家。20世纪70年代，他在一家名叫投资中心的书店工作了一年多时间，书店的位置离康迪商品交易办公室很近。书店有一个超过5000本投资书籍的图书馆。这给了特温迪曼学习江恩著作的机会，包括江恩曾经使用的占星术书籍。

特温迪曼的神秘几何学数字知识就是从这些学习研究中得来的。他对江恩的价格和时间四方图也比较了解。通过江恩9方图（是一个360

度的圆被分为 12 个 30 度的切片）和斐波那契求和级数的数字，他发现了我们现在知道的调和数。它们是在所有市场和时间结构中不断重复的数字。

定义一个调和数

我们先从物理学意义上解释一下"调和"这个词。

调和——物理学——频率为基本频率整数倍的周期性振荡的一部分。

当你研究市场或个别股票时，你会看到它们在任何给定时间内只做三件事情的其中之一。

1. 上涨。
2. 下跌。
3. 横盘。

市场总是在发散或收敛的某一过程中。一般情况下，市场更多的时间是处于收敛状态而不是趋势状态——也就是市场更倾向于在一个区间内交易，盘整，形成支撑和阻挡区域。图 3.1 是一个处于横盘状态的市场。

一个趋势可以是高点和低点都越来越高的上升趋势，也可以是高点和低点都越来越低的下跌趋势。图 3.2 是一个下跌趋势的市场，图 3.3 是一个上升趋势的市场。当市场在一个区间内时，它们处于收敛状态；当市场在趋势当中时，它们处于发散状态。这就是我们想让你看到的振荡、重复和波段。

图3.1 横盘市场：道琼斯股指期货60分钟图

价格波段的振荡

市场中的振荡可以被当作声波。声音越大，传的越远。随着声音的传播，它最终会失去能量。类似的还有物体跌落。物体越大，跌落的距离越远，当它碰到东西时产生的振动就越大。价格运动与这些非常相似。例如，经济报告的发布或相关消息的出台可能引起市场价格剧烈上涨或下跌。图3.4展示的就是在经济报告出台后市场强劲上涨的情况。各种震惊事件，如自然灾害、货币贬值和战争都是极端事件，它们都会对市场形成巨大的冲击作用。

图3.2 下跌趋势：原油期货

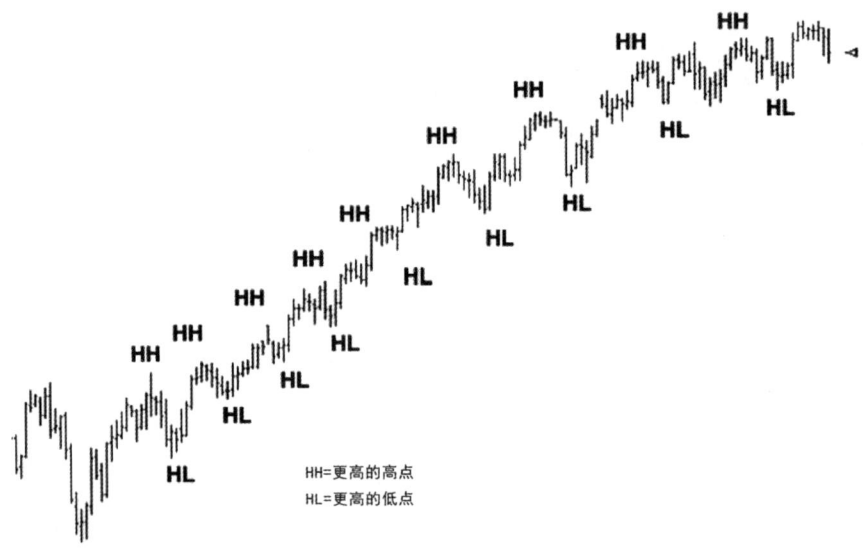

图 3.3 上升趋势：道琼斯股指期货

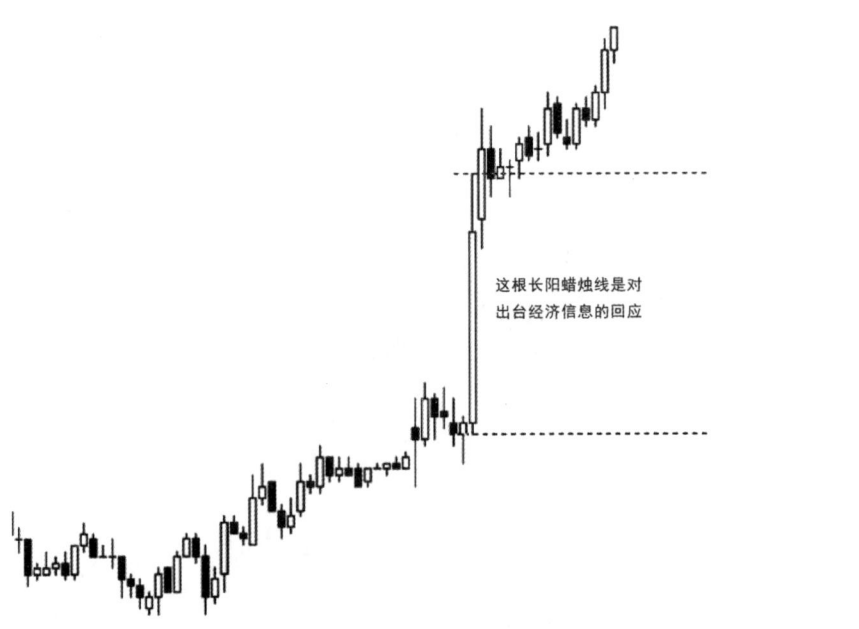

图 3.4 道琼斯股指期货 5 分钟图

当价格已经在一个区间内盘整了一段时间，它迟早会突破那个区间。市场中经常发生的事情是价格急匆匆地突破盘整区间迅速形成趋势状态（见第十章有关趋势内容）。图 3.5 就是一个盘整区间被突破的例子。价格向下突破盘整区间的方式是非常坚决的，这可以从大幅下跌的阴线看出来。

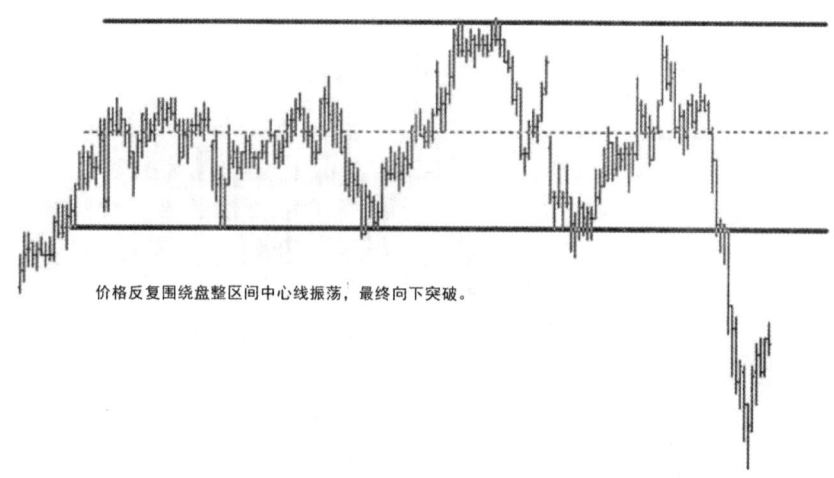

价格反复围绕盘整区间中心线振荡，最终向下突破。

图 3.5　S&P E-mini 15 分钟图：
价格走势以趋势的方式突破盘整区间

把图 3.5 的价格行为当作一个实例，当价格形成在这个特定的区间时，它是收敛的，当它突破下面的价格支撑区域时，它是发散的。它随后开始处于趋势状态。我们可以认为强烈的振荡冲击等同于趋势，而温和的或较弱的振荡会形成一个盘整区间。这个交易区间也可以被认为是一个储存能量的阶段。这种能量最终必定会在某一方向上释放出来。温和的及柔弱的振荡通常没有足够的力量去维持一个趋势。

市场中逐渐增强的小幅摆动是可以形成强大的冲击或者导致价格波段。在市场参与者进行拉锯战的时候它会在两个方向上来回变动，直到一方胜出。一旦一方取胜（多方或空方），随着失败的一方不断清仓和新参与者顺着获胜方向蜂拥而入,价格就可能在这个方向上形成非常剧烈的冲击波动(像趋势运动)。

图 3.6 是黄金期货周线图,在多方和空方激烈战斗的时候,价格来回出现了大幅的波动。考虑到金价变动 1 个点对于每手合约来说就是 100 美元,我们得说这些波动还是非常剧烈的。

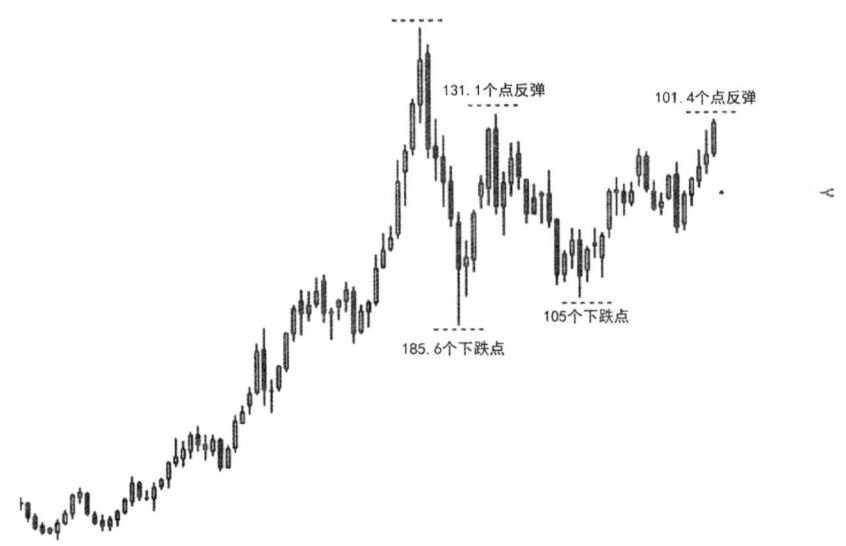

**图 3.6 黄金期货周线图:
在多方和空方激烈战斗时,出现了大幅波动**

随着价格上下变动的时候,市场参与者会带着不同程度的情绪进行相应的操作。比如,多方在市场的做多方向上大量参与(积极买进),这就会形成一个强烈的上涨趋势或冲击(见图 3.3);同样,空方积极做空也会形成一个剧烈的下跌趋势(见图 3.2)。

价格波段的重复

在使用本书讲述的形态中,读者会发现价格波段或价格冲击运动就

第三章 调和数及其应用

是我们所指的调和。它们是长度上相似的价格波段，是在各种时间结构中重复出现的。图 3.7 是道琼斯股指期货的 60 分钟图。乍一看，这个价格走势感觉比较混乱，向上和向下的波段随机出现。事实上，很多交易者不会考虑在这样一个走势上交易。

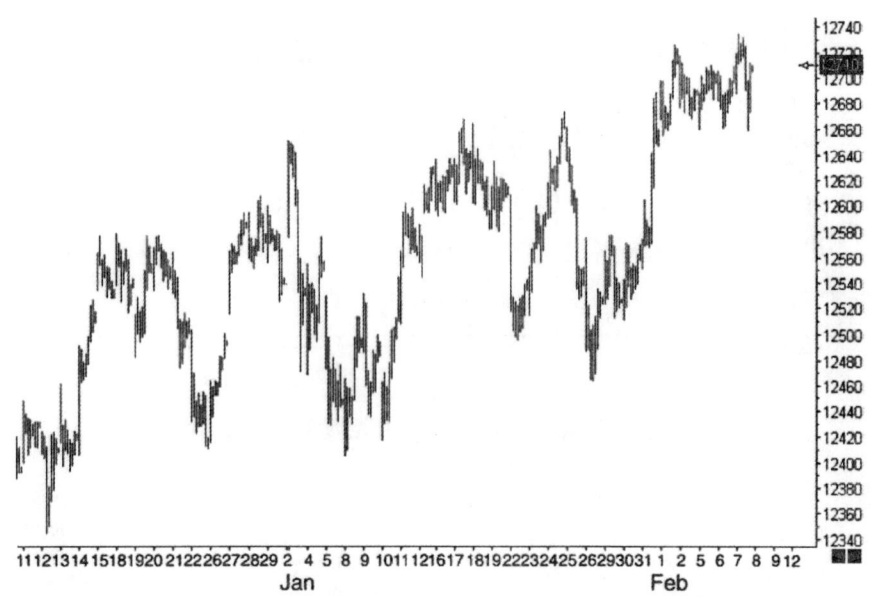

图 3.7 道琼斯 60 分钟图展现了看起来好像比较随机的波段

如果我们观察这个价格走势图，挑出重复波段，我们就会立即在这种混乱状态交易。请看图 3.8，我们已经用行情软件的画线工具画了一根线，并且把这根线克隆到别的波段上，对于这个线的长度我们没有做任何修改。你在图 3.8 中看到的是道琼斯股指期货 60 分钟图上的调和波段。它清晰地展示了这个市场在这个时间结构中出现的波段重复。

我们来看看其他几个具有这种重复特性的图表。图 3.9 是 IBM 的 15 分钟图。该图显示了重复出现的向上波段。这两个波段形成了一个 AB=CD 形态，它是我们要讲述的第一种形态（见第四章，AB=CD 形态）。你可以开始感受一下这些调和波段在形态交易中的重要性。

— 27 —

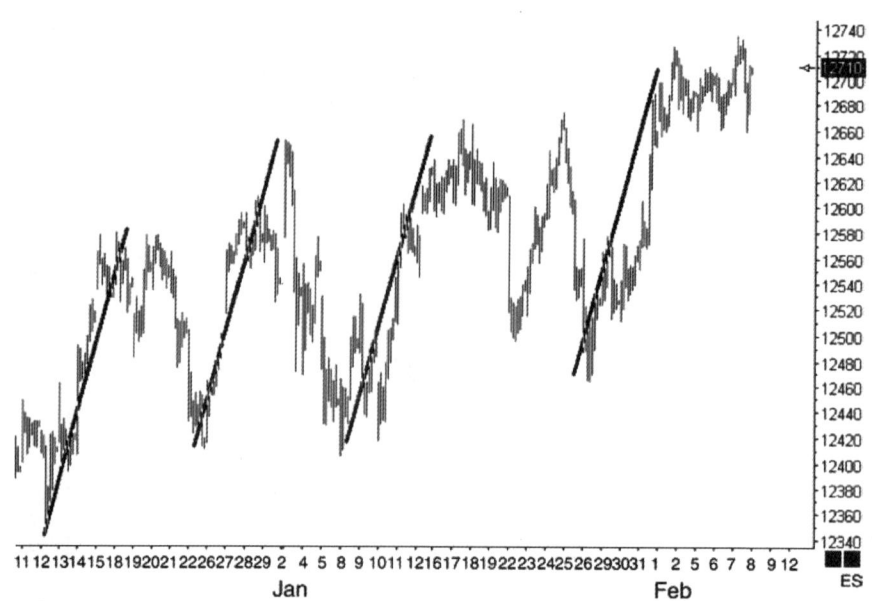

图 3.8　道琼斯 60 分钟图：使用克隆线寻找调和波段

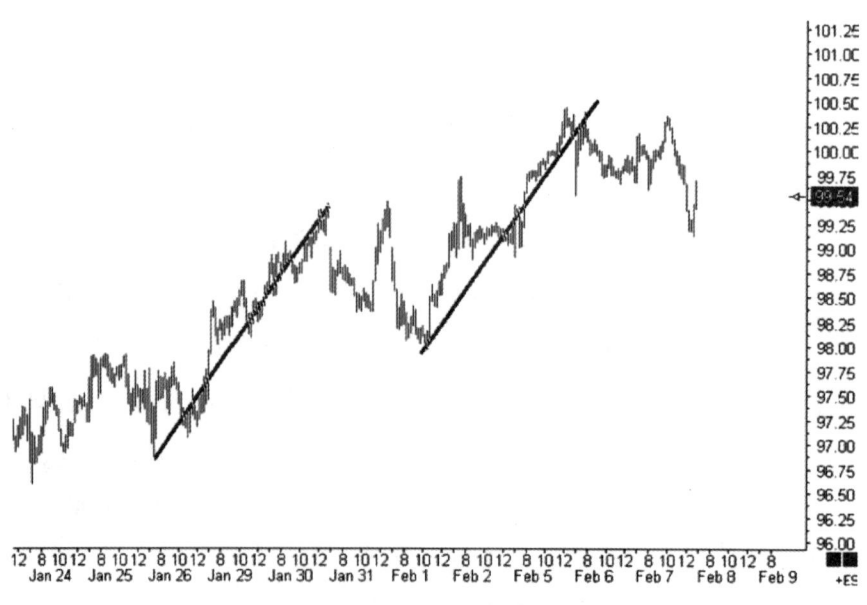

图 3.9　IBM 15 分钟图：调和波段形成 AB=CD 形态

图 3.10 是 Google（谷歌）的 30 分钟图。它显示了向上和向下的重复波段或调和波段。如果你研究这个图，你会注意到一套较小的调和波段，它们形成了第二个上涨波段。这些波段形态就是我们在本书讲述的加特利做空形态（见第五章加特利"222"形态）。

在本章的后面我们将通过标普 500 迷你电子盘股指期货合约向你展示调和数的变体，它们是调和数与斐波那契比率的乘积。

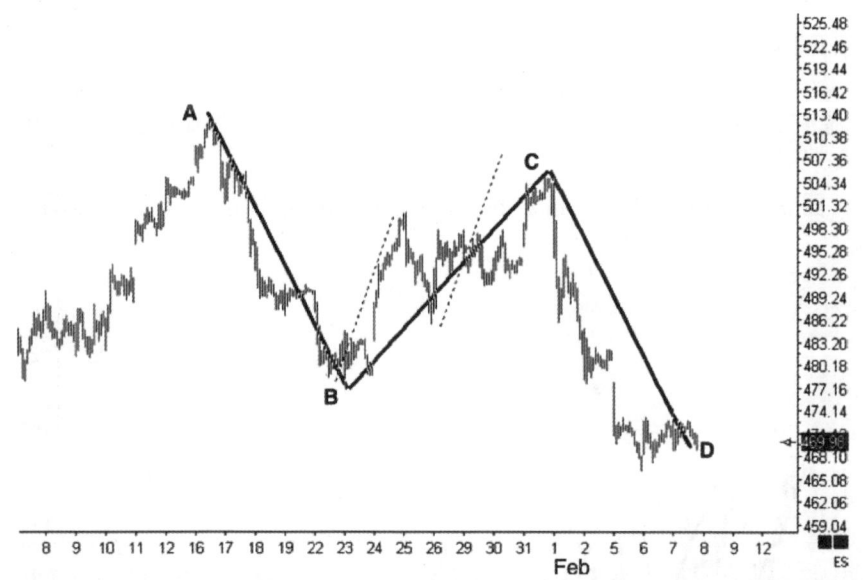

图 3.10　Google（谷歌）30 分钟图：价格在两个方向上都形成调和波段

图 3.11 是 S&P 500 E-mini 60 分钟图，你可在图中看到同方向调和波段的具体点数是基本上相等的。上涨波段的点数仅差 2 个点，回调波段只有一个点之差。

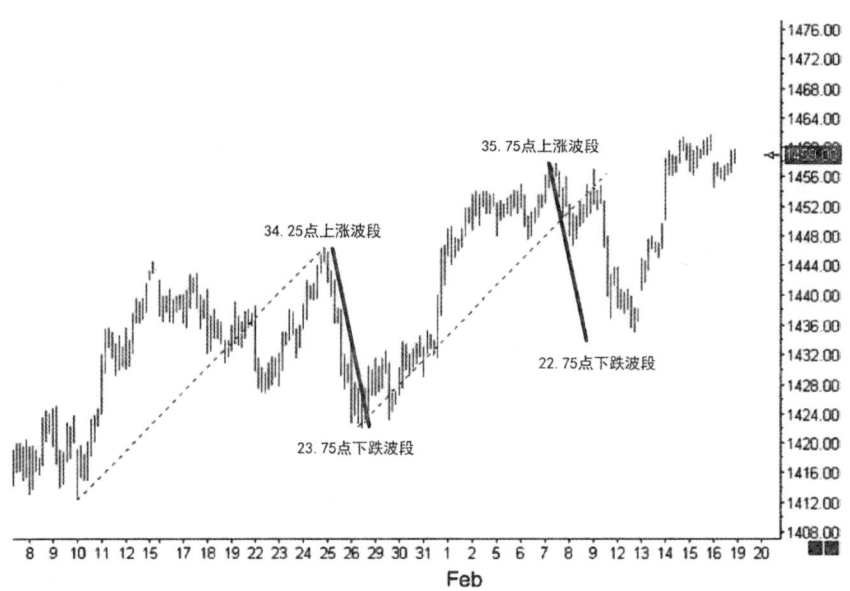

图 3.11 S&P 500 E-mini 60 分钟图：调和波段的点差基本相同

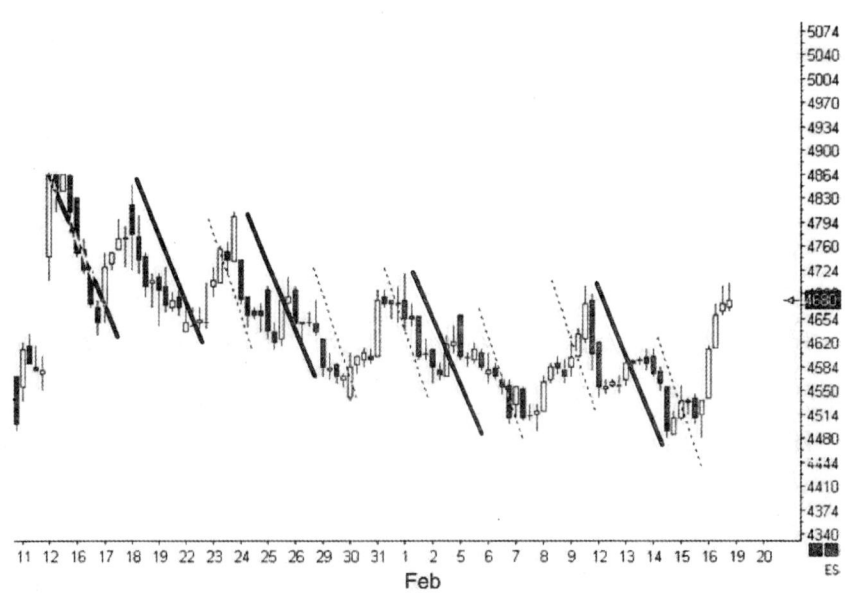

图 3.12 小麦期货 60 分钟图：
重复、振荡和大调和波段内的小调和波段

值得注意的是图 3.11 中每个向下的调整波段都打到 0.618 的回撤位，就是前面上涨波段高度的 0.618 倍的位置。你要学会用调和数、斐波那契比率和形态来识别支撑位和阻挡位。很多时候你会发现形态结束的位置刚好与几个斐波那契比率巧合在一起，如果你研究这些调和波段，你很可能发现它们也同样巧合在一起。

图 3.12 中的调和数很容易识别，它包括重复和振荡。这个小麦期货图中的虚线指的是大调和波段中的小调和波段。这种一个大调和波段被分为两个或更多调和波段的情况在市场中是不太常见的。

寻找调和数

要在股票或其他市场中找到调和数并不困难。你要用长度或者点数找到那些重复发生的波段，要找那些最常见的重复波段。如果你在某一个具体的时间结构中交易（你使用哪个时间结构进行交易都行），你就要在那个时间结构内寻找重复波段。

用 30 分钟图做个例子，寻找调和数最轻松的方式就是寻找最常见的重复波段，并用画线工具标注它。也可以把行情图打印出来，用手工标注这些波段。我们觉得用手工做一些这样的工作更能充分调动大脑的积极性，帮助训练识别这些波段的眼光。

在欧元货币的 30 分钟图上，有一个常见波段（调和数），它的点数大约是 70 点（1 点就是指最小价格变动单位，在欧元货币中 1 点就是 12.50 美元）。在图 3.13 中，每根竖线都代表 70 点（图中箭头表示上涨波段或下跌波段）。你可以看到一些波段的高度刚好是 70 点，还有一些差一点点，但仍然接近市场 70 点的调和数。请记住价格波段高度不会每次都能达到一个确切的数值，要把它们当成一个区域来对待。

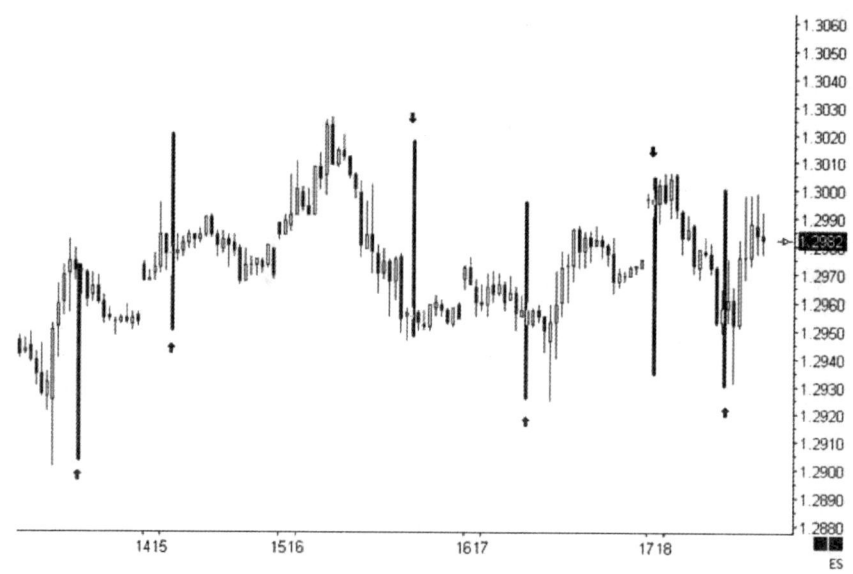

图 3.13 欧元期货 30 分钟图：竖线代表一个 70 点的波段高差

如果你在欧元货币走势图上研究 100 多个这种特别的波段，你会发现这些波段的高度会接近 70 与 0.618、0.786、1.272 或 1.618 的乘积。在欧元市场中找到高度等于这个调和数一半的波段也是常有的，就像在小麦图中能够找到很多高度等于调和数一半的波段一样。

S&P 500 市场中的调和数

我们在标普 500 市场中使用的调和数包括：

- 5.4 点——这个市场的一个基本调和数。
- 6.85 点——5.4×1.272 的乘积。
- 8.7 点——5.4×1.618 的乘积。

除了上面这些，还有 5.4 的倍数，像 1.08 以及更大的调和数：

- 10.8 点——5.4×2（两倍的调和数）。
- 16.2 点——5.4×3（三倍的调和数）。
- 21.6 点——5.4×4（四倍的调和数）。

就像你能够猜到的，较小的调和数属于调和数收敛，较大的调和数属于调和数发散。价格超过 10.8 这个调和数一般属于趋势形态，在日内价格可以扩展到 16.2 到 21.6 的区间或者更大一些。

当市场处于趋势中时（见第十章关于标普 500 趋势识别的内容），一般情况下，回撤会达到 1.75 点到 5 点的范围内。在趋势状态的交易日内，常见的收敛回撤位之一是 3.5 点，它是调和数 5.4 的 61.8%。

在非常剧烈的趋势状态交易日内，我们可以见到 1.75 到 2.5 点的回撤调整，它们与 5.4 和 3.5 的平方根有关系；5.4 的平方根是 2.32，3.5 平方根是 1.87。当你应用它们时，要考虑到这些调和数与你交易日的类型是有关系的，对于区间内交易日（收敛状态）与趋势状态交易日（发散）是不同的。

图 3.14 是标普 500 E-mini 的 5 分钟图，它是展现调和数的一个非常典型的例子。每个波段都在调和区间范围内，而且调和波段重复出现。

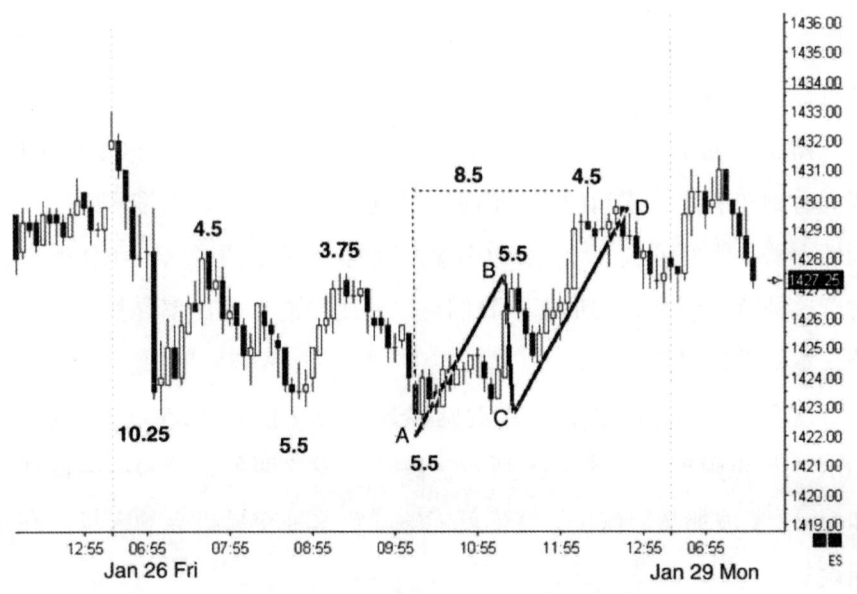

图 3.14　S&P 500 E-mini 调和波段

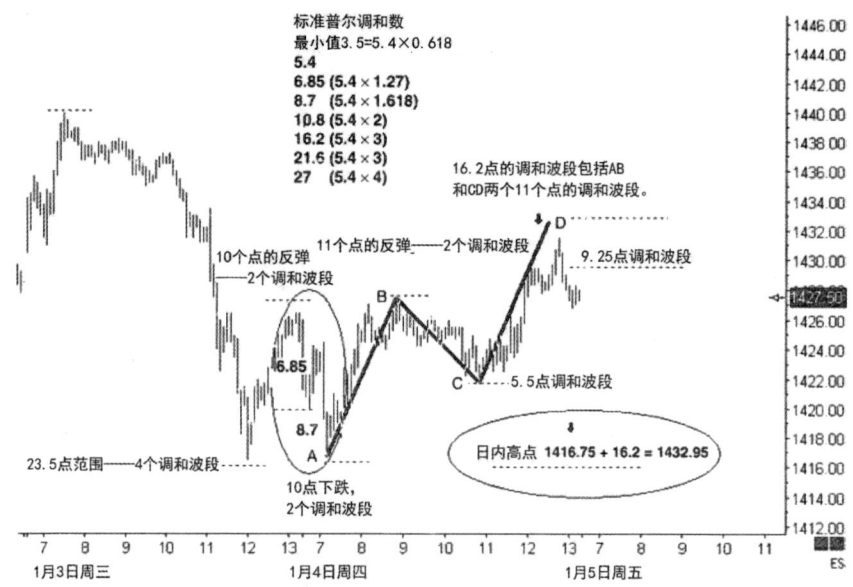

图3.15 在两天期间内大范围的调和数

如果你观察图3.14的虚线区域,你就能看到那个波段的第一个小波段是5.5点,随后的波段是4.5点。整个波段是8.5点,低点在1422,高点在1430.50。

图3.15是展现标普500调和波段的另外一个例子。在这个例子中,我们看到在两天的期间内市场出现了大范围的调和数。市场出现一个回调性上涨,刚好形成一个AB=CD做空形态(见第四章AB=CD形态)。对于这种符合调和数的形态,我们可以使用斐波那契比率寻找支撑或阻挡,本例中是阻挡。

这个调整形态高度非常接近调和数16.2(仅差1.25点),刚好在0.618回调位附近,如图3.16所示。综合考虑这两种阻挡位——调和数和0.618斐波那契回撤位,我们就能够确定这种交易机会的入场点和止损设置。

值得重复指出的是在寻找调和数进行入场交易的时候,不要过于苛刻地追求刚好找到某一个具体的点上。我们要注重价格区间和共同形成阻挡或支撑的地方。我们把调和数当作一个连接形态和斐波那契比率的一个工具。

何时应用调和数的外延数据

既然调和数是市场中振荡波段的一部分，它是重复出现的，而且我们知道价格不会永远在一个区间范围内振荡，那么我们要注意观察价格突破和调和数的倍数的位置。实践经验表明一旦市场价格超越基本调和数，未来价格就可看到这个调和数的两到三倍，有时候可以看得更高。这与江恩使用的过度平衡的理念有很大关系。当价格和时间都超越正常的回调时，市场很可能改变了原来的主趋势。这种情况可能先出现在小时间结构上，然后随着价格继续反转，就会出现在大时间结构上。

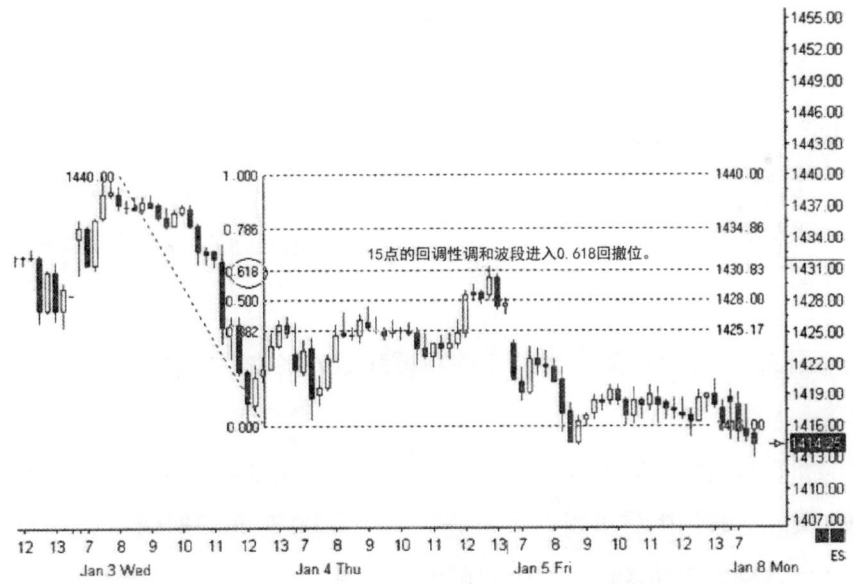

图 3.16　S&P 500 E-mini 15 分钟图：斐波那契比率与调和数

在寻找调和数和具体应用时使用 3% 的原则

在个股或市场中寻找调和数的另一种方式是使用 3% 的原则，就是股票、商品或货币价格的 3%。如果我们拿 IBM（国际商业机器公司）

作为一个例子（见图3.17），第一个波段高点在99.48美元。3%的调和数大约是2.98美元。市场随后向下回撤1.52美元，大约是调和数的一半。如果我们在这个回撤位买入，我们可以把2.98美元作为设定止损点的依据。相反，如果从高点做空，2.98美元同样可以被用作设定止损点的依据。

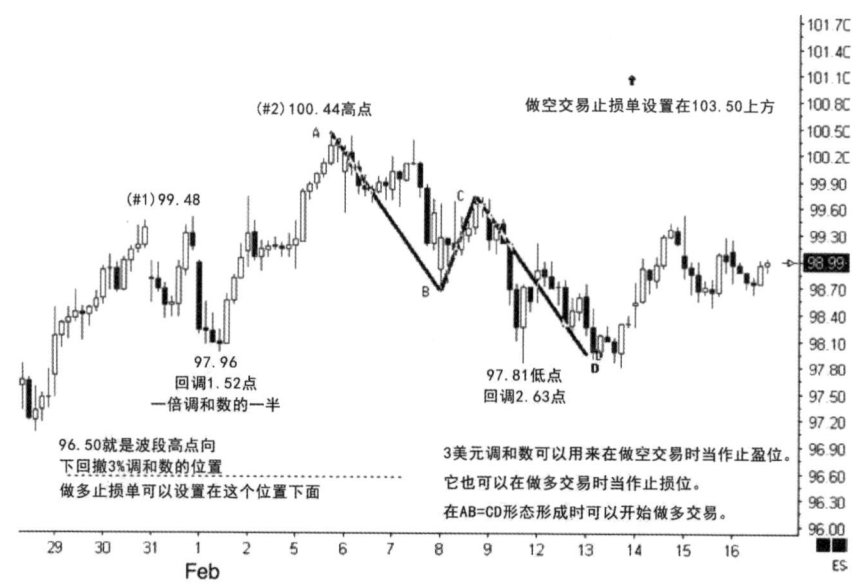

图3.17 在IBM 60分钟图上使用调和数入场交易并设置止损单

图3.17中标注为#2的区域内有一个100.44×3%的调和数，大约是3.00美元。我们随后可以向下看一个大约3.00美元的回调，对于从波段高点做空的交易来说，这个回调位可以当作止盈位。

图3.17也展现了一个AB=CD形态（见第四章AB=CD形态），它就在调和数的区域内形成。这种情况再次融合两种因素：调和数和形态。交易者如果开始做多交易，可以使用这个3.00美元的调和数设置止损位。

我们来回顾一下图3.17中调和数的不同应用。

- 如果交易者在波段高点附近已经入场了一个做空交易，可以把止损单设置在 3.00 美元调和数之外一点。
- 从波段高点向下映射一个调和数高度的位置，可以设置成做空交易的止盈位。
- 在 AB=CD 形态出现而且价格同样达到 3.00 美元调和数的位置时，可以考虑做多。
- 本例中做多交易的止损位可以使用 3.00 美元调和数来设置。

使用调和数作为交易原则可以在下列几种情况下给你帮助：

- 它们可以帮你理解某一特定市场的节奏和价格波段。
- 它们可以帮助你设置止损，减少风险，遵循资金管理计划（见第十一章交易管理）。
- 你要注意不同因素融汇在一起时形成的交易机会，这些因素包括调和数、斐波那契比率和形态，可以利用这些机会入场交易，也可以获利出局。

最后一点，这些调和数是本书所讲形态不可缺少的一部分。

其他市场调和数

下面列出的是在其他市场中发现的调和数：

- 债券市场——20 点。
- 原油——44 和 88。
- 道琼斯——35、105 和 70。
- 欧元市场——35 和 70。
- 黄金市场——11 和 17。
- 白银市场——18、36 和 12。
- 美麦——11 和 17。
- 美豆——18 和 36。

在强势市场环境下，使用这些调和数的倍数。在市场的各种波段中存在着调和数的各种变体，这取决于市场是处于收敛状态还是发散状态。5 分钟图与 30 分钟图的调和数可能大相径庭，但是它们可能以百分比的方式关联在一起。小时间结构比如 5 分钟图上的调和数可能是大时间结构图调和数的一半或 61.8%。

掌握它们的唯一方式就是你自己观察这些数据。对于任何市场，如果你注重日内交易你可以追踪观察 5 分钟、15 分钟或 30 分钟图，做好记录，你就会看到经常出现的重复波段。如果你坚持这样做超过 30 天，你差不多能看到各种形态类型：上涨的、下跌的、盘整的、收敛的和发散的。你也会观察到调和数理论的展开及其与斐波那契求和级数的关系。

下面我们将要开始学习具体的形态，基础几何学、斐波那契比率和调和数，是本书第四章到第十章所讲形态的基础。

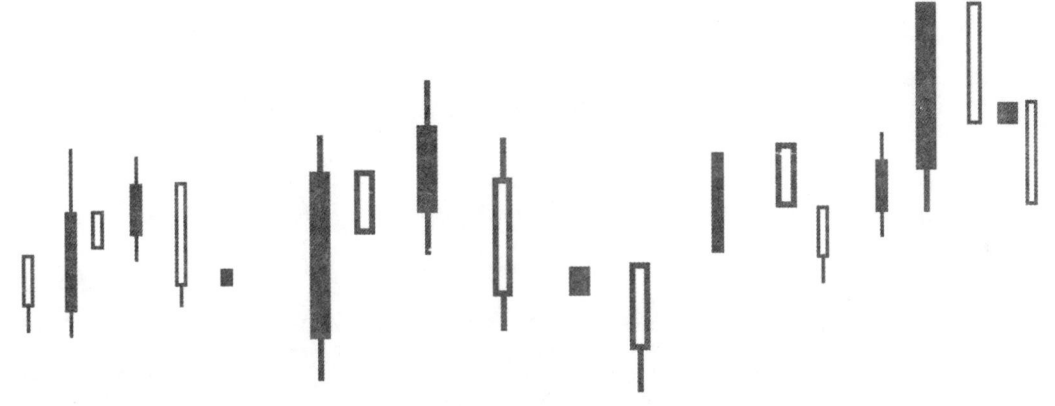

第二部分　各种价格形态和形态交易

第四章　AB=CD 形态

在学习、研究各种交易方法时，大家经常会说到：在技术分析方面，AB=CD 形态是最简单、最基本的形态之一。如果交易者花时间学习这种形态和它的变体，那么所花费的时间将是非常值的。

在本章中我们不仅教你学习它的结构，而且也会从实际交易的角度采用真实的市场走势图教你学习它的应用。在接下来的几章中，我们将向你展示在加特利"222"形态、蝴蝶形态、三推浪形态和一些古典技术分析形态的内部，这种简单的 AB=CD 形态是如何形成的。

AB=CD 形态的历史

在 1935 年，有一本定价 1500 美元的天价书开始面向投资者出版发行。这本书就是加特利著的《股市利润》。在第 249 页"趋势线的实际用途"下方，加特利描述了这个我们现在称之为 AB=CD 形态的市场走势形态（见图 4.1）。

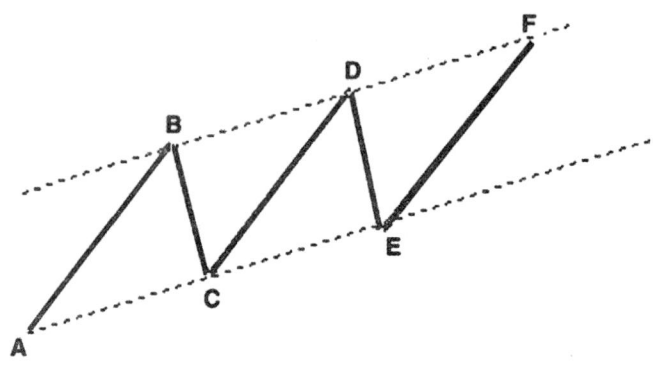

图 4.1　加特利在他的书《股市利润》中插入的平行趋势线插图（感谢 Lambert-Gann 出版公司）

这种形态在法兰克·塔布斯（Frank Tubbs）的著作中也出现过。塔布斯在 20 世纪 50 年代提供过一个名叫《法兰克·塔布斯股市课程》的函授课程，这个课程就是以加特利在他 1935 年的书中讲述的形态为基础的。

塔布斯在描述这种形态时使用了很多 20 世纪 20 年代和 30 年代的市场走势图，把这种形态交易推到了 50 年代，对这种交易思想进行了确认。查理斯·林赛（Charles Lindsay）也在他 1976 年写的书《三叉戟：交易策略》（*Trident: A Trading Strategy*）中使用了这种形态。他把趋势区分为微观、小级别、中级别和大级别趋势。他以插图的形式说明了平行价格波段在各种市场和时间结构中都是明显存在的。书中描述的系统与加特利的形态是完全一致的。林赛用 P1、P2、P3、P4 来表示他的形态，这与用 A、B、C、D 没什么区别。

林赛引用 AB=CD 形态，把它做成一个方程式，这个方程式可以算出这种形态的目标位 D（P4），该方程式如下：

$$P4 = (P2+P3)/P1$$

这等于：

$$D = (B+C)/A$$

他随后提出一个方程式，说 P3 应该是 P1 到 P2 高度的 0.625。这等于说从 B 点向 C 点的回撤 BC 是 AB 波段高度的 0.618（见图 4.2）。他还把 P1 或第一波段高度的 25% 当作风险因子。

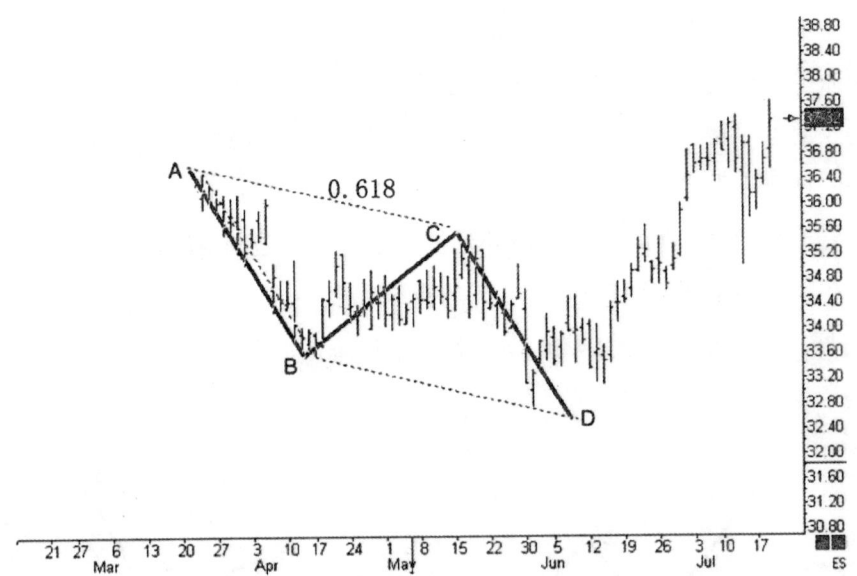

图 4.2 Merck（MRK）日线图出现 AB=CD 形态，C 点刚好是 AB 波段的 0.618 回撤位。这与林赛的 P1 到 P2 高度的 0.625 回撤位是相似的。

AB=CD 形态描述

加特利关于 AB=CD 形态的描述说明了市场先上冲形成上升趋势，随后回撤，然后再上冲形成另一个上升趋势，接着再回撤，这样形成了斜向上方的平行轨道。就是从这个描述中，AB=CD 形态被赋予了一个昵称：闪电（见图 4.1）。

加特利在书中使用了大量篇幅来描述这些趋势线和平行线与其他工具合在一起发出的强烈交易信号。他还把这些线应用到价格比率上。对于回撤，他主要使用的比率是三分之一和二分之一。

AB=CD 形态结构

AB=CD 形态可以在各种市场和时间结构中找到。这个形态是加特利做多和做空形态的基础（在第五章讨论）。它也是蝴蝶形态必不可少的一部分（第六章），也是三推浪形态的一部分（第七章）。这种形态是一种测定波动，CD 波段与 AB 波段的长度一般是比较接近的。但是，需要注意的是 CD 波段可以向外延伸，而且不总是与 AB 波段完全相等，这在本章后面的"AB=CD 形态的重要特征"中会有详细的探讨。图4.3展现的是基本的 AB=CD 做多和做空形态。

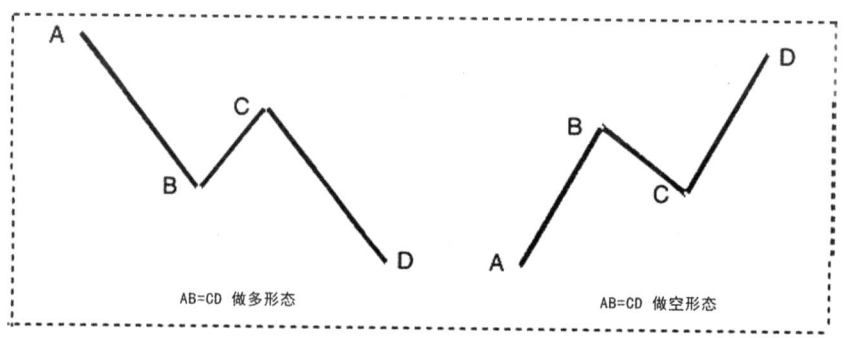

图 4.3a　AB=CD 形态基本结构：做多和做空形态的"闪电"外形

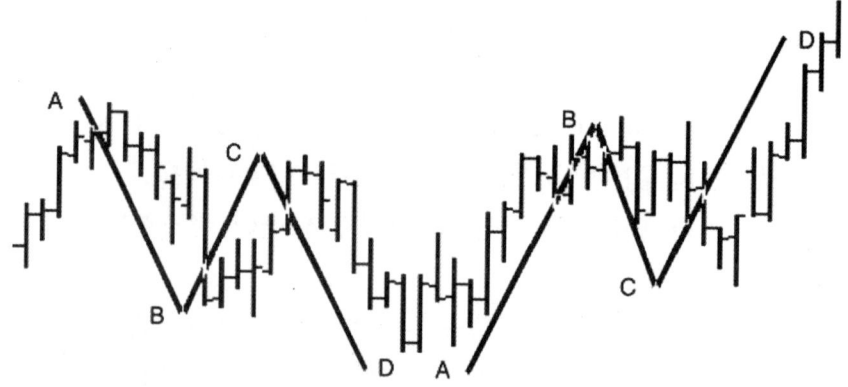

图 4.3b　S&P E-mini 走势图上的 AB=CD 做多和做空形态

这种形态是由三条腿（三个波段）形成的（见图4.4）。我们把第一条腿标注为AB。在第一条腿形成后，就会产生一个回撤或回调，这个回撤目标位一般会在0.382、0.50、0.618或0.786的某一个位置上。这个回调波段被标注为BC，就是形态的第二条腿（注意：趋势强烈的市场中回撤通常只到0.382回撤位。请参见本章后面"斜率和时间结构"中的走势图，那就是一个回撤到0.382位置的走势）。

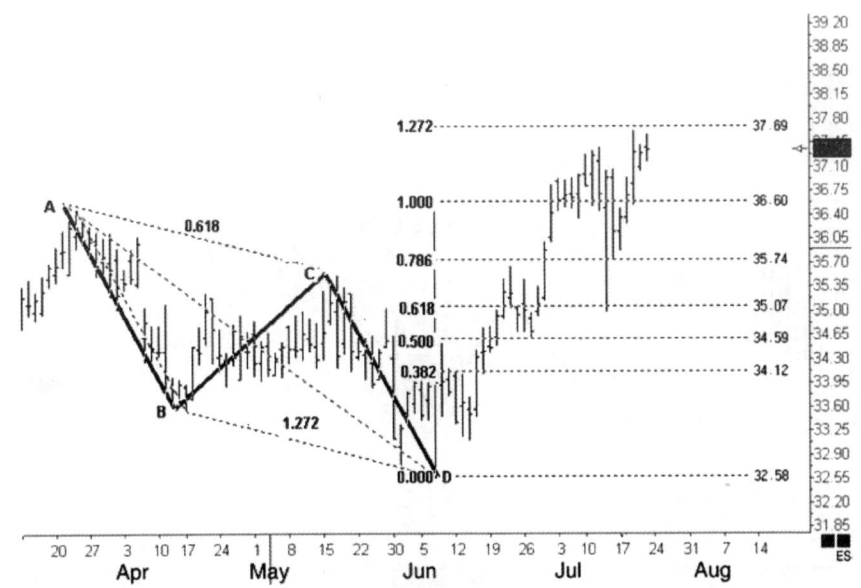

图4.4 Merck（MRK）日线图展现了一个AB=CD形态，形态完成后出现的对整个AD波段的回撤几乎到达了我们常用的最大回撤位

当价格重新开始在AB波段的方向上运行时，CD波段开始形成。一旦我们确定CD波段正在形成，我们可以映射预测潜在的形态结束位置，并制定出一个交易策略。随着CD波段形成和结束，我们要仔细观察这个波段，看看市场是否会发出入场信号。第十一章"交易管理"在这一方面会有更加详细的描述。一旦价格超越B点，我们就假定价

格会到达形态结束点——D 点。

当学习这种形态时,知道什么能够使这种形态失效是比较重要的。下面列出的是确保 AB=CD 形态有效的三个原则。

- BC 不能超越 AB,意味着 AB 波段的回撤比率不大于 1.00。
- BC 可以是 AB 波段的 1.00 倍;这是比较少有的形态,通常是双重顶或双重底形态,但这是有效的形态。
- D 点必须超越 B 点,这样形态才能在 D 点形成,才能成为有效形态。参见图 4.5。

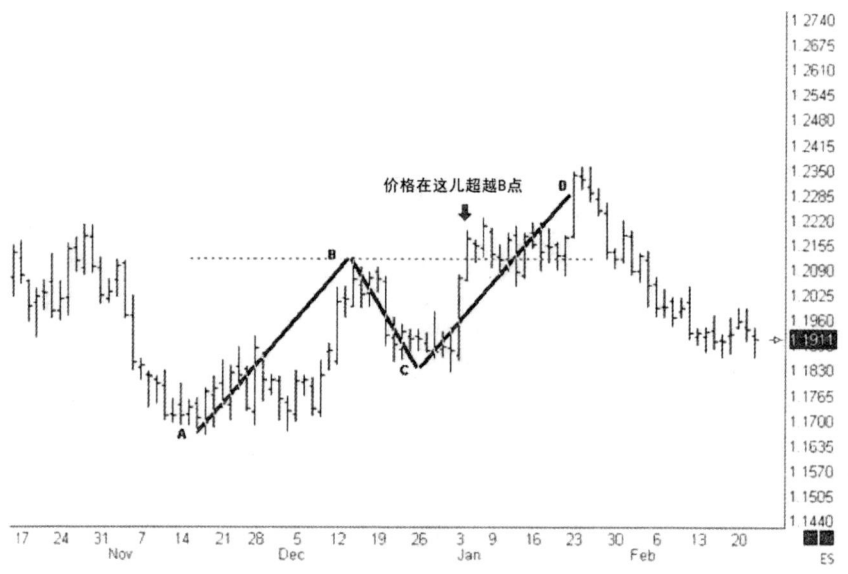

图 4.5 欧元日线图:一旦价格超越 B 点,我们就假定形态会在 D 点形成

AB=CD 形态的主要特征

大约 40% 的时候,AB=CD 形态会非常对称,就是 AB 等于 CD。另外 60% 的时间,市场出现的就是这种形态的变体。这就意味着在 AB 和

BC 形成后,市场形成的 CD 波段长度与 AB 不一样。这两个波段可以是对称的,也可以是非对称的。

CD 波段与 AB 波段不对称的情况有:
- CD 的长度是 AB 的 1.27 到 2 倍,或者更大一些。见图 4.6。
- CD 波段的斜率与 AB 不一样,二者不平行。

乍一看,这些形态变体可能会让交易者觉得它们是不可交易的。关键在于对 BC 波段的识别。最重要的是在 C 点形成后,观察价格变动。本章中你会看到很多例子,它们表明 CD 波段最终决定着它与 AB 波段的关系。

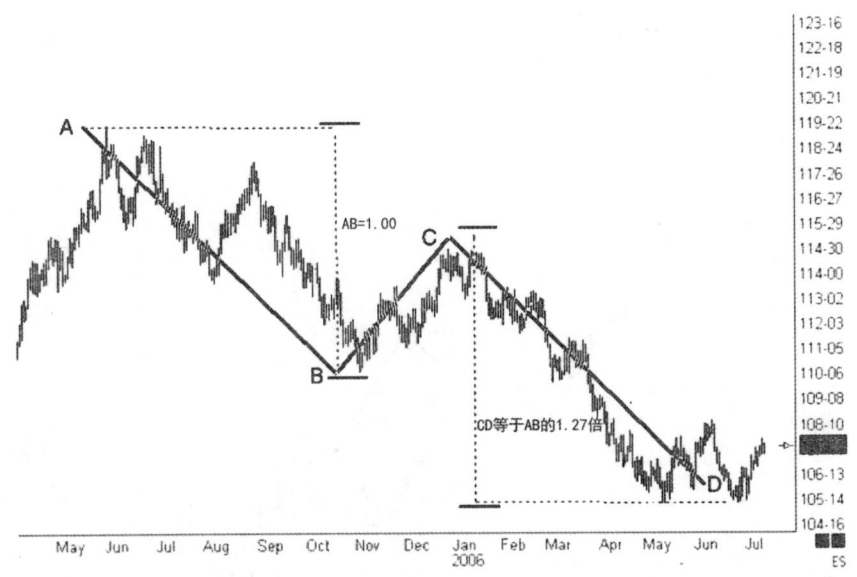

图 4.6　30 年期债券日线图:AB = CD 形态中 CD 波段向外延伸到 AB 波段的 1.27 倍

CD 波段变体

CD 形态的各种变体可细分为四种:

- 在C点出现后，如果在向D点运行的方向上存在跳空缺口，这通常意味着CD波段将远远大于AB波段，可能是AB波段的1.272或1.618倍，或者更大一些。见图4.7。
- 如果市场在C点存在着一个宽幅蜡烛线（两倍于普通幅度），这就说明CD波段可能要大于AB波段。见图4.8。
- 理想状态下，AB和CD波段在价格和时间上都是对称的。比如，AB波段是由六根蜡烛线组成的上升波段，那么CD波段也是由六根蜡烛线组成的上升波段。参见图4.9。
- 就像图4.10所展示的，两个波段形成的时间是对称的。

下面这一句话是至关重要的：如果CD波段是由很少几根蜡烛线组成的，这就强烈地预示着CD波段会大于AB波段。图4.11就是这样的例子。

图4.7　EOG日线图上AB=CD形态：市场在C点出现跳空，并快速移动向D点，预示着CD波段将会超越AB波段

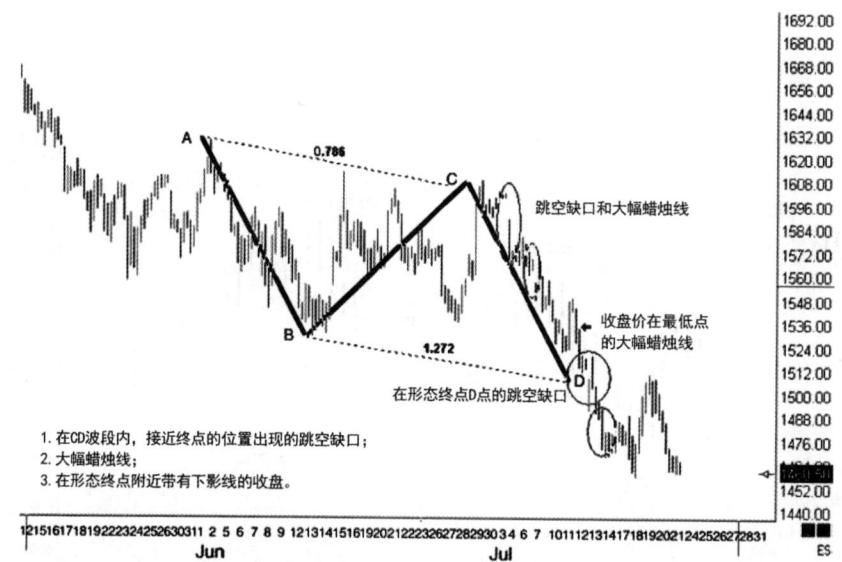

图 4.8　NASDAQ 股指期货 120 分钟图上出现所有的警示信号（第十一章探讨警示信号）

在 CD 波段刚开始下跌形成时，市场出现的大幅蜡烛线警示着 CD 波段长度可能是 AB 波段的 1.272 或 1.618 倍，或者更大一些。

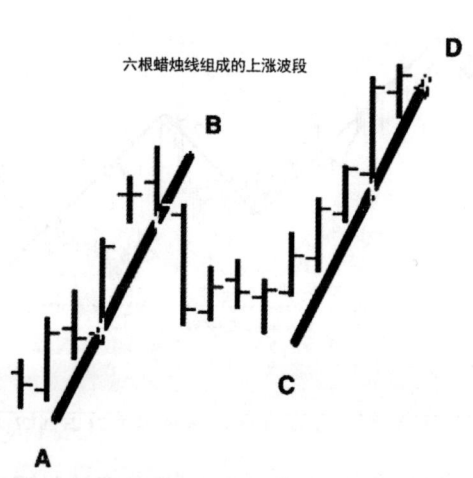

图 4.9　欧元日线图：非常对称的 AB = CD 形态，AB 和 CD 波段都包括六根蜡烛线

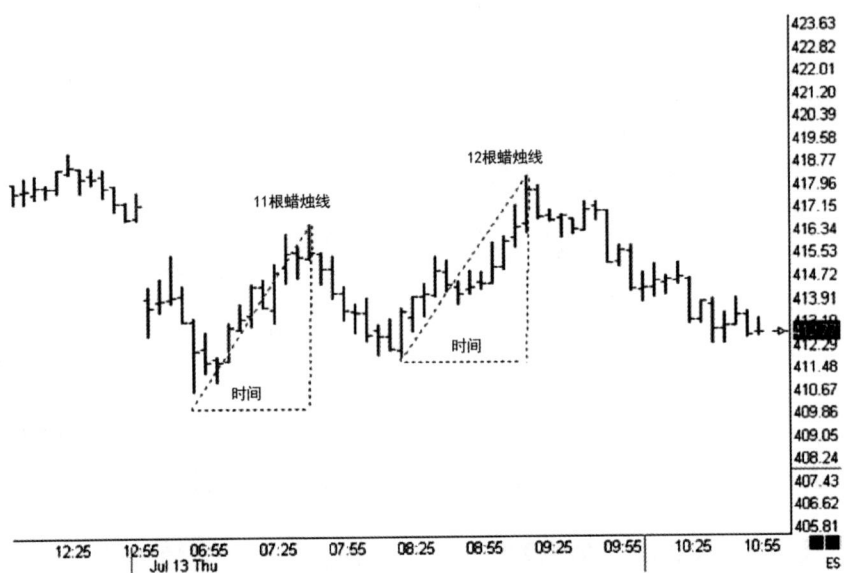

图 4.10 GOOG 5 分钟图显示，时间也是这种形态对称性的一个特征

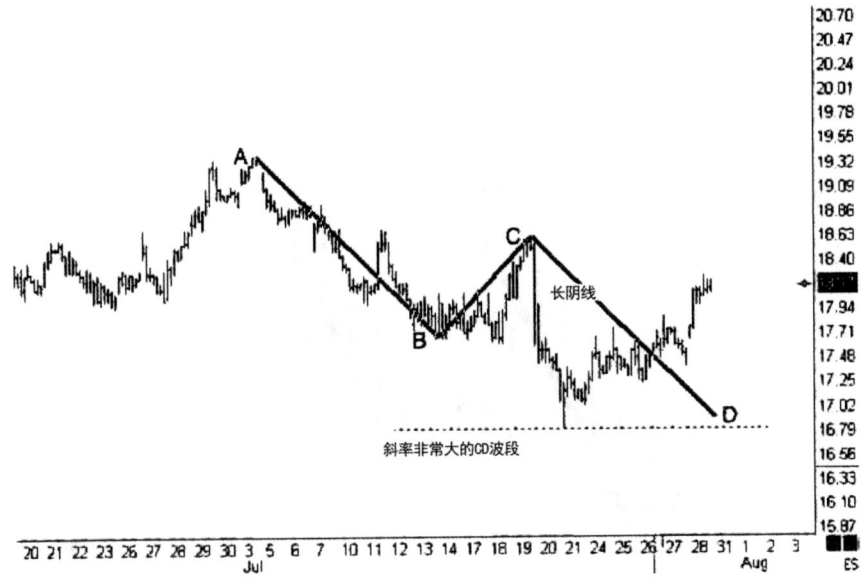

图 4.11 Intel（INTC）日线图中在 C 点出现的长阴线预示着 CD 波段可能会比 AB 波段长一些

对于这种冲刺现象，可以想象有两个法拉利跑车同时在赛道上，一个使用柴油，另一个使用高科技汽油。那么使用高科技汽油的跑车先跑到终点就很容易理解了。请观察一下 CD 波段，如果它开始的时候就比较快，那么它会越来越快。

斜率和时间结构

BC 波段的斜率和时间在确定形态方面是很有用途的。它一般会回撤到下面几个斐波那契比率之一的位置：0.382、0.50、0.618 或者 0.786。BC 波段的斜率对于随后的 CD 波段通常是有很强的预示作用的。比如，假定 AB 波段用 15 根蜡烛线到达 B 点，现在 BC 已经走了 8 根蜡烛线了，但刚回撤到 AB 波段的 0.382 位置；这种信号意味着市场在高位消化了很多抛压；BC 属于小幅回调，价格很难回撤到 0.50、0.618 或 0.786 的位置。这时一旦下跌趋缓，我们就可以假定价格会上涨得更快，更高。但是，如果市场回撤到 0.618 或 0.786 的位置，CD 波段很可能就只有一个正常走势的波段，其长度等于 AB。

为了计算 CD 波段的目标点位，要先算出点 A 和点 B 的差值，再乘以 1.272 或 1.618，然后再把前面结果加上 C 点的价位（或者用 C 点的价位减去前面结果）。图 4.12 中计算 1.618 映射位的步骤如下：

- B 点价位 1274－A 点价位 1256＝18 点
- 18 点×1.618＝29.12 点
- 29.12＋C 点价位 1266.25＝1295.37

如果要计算 1.272 或其它外延比率对应的目标位，可直接用那个比率代替 1.618。

从时间上来讲，AB=CD 形态中各个波段的蜡烛线根数一般是 5 到 8 根。当 CD 波段超越 8 根蜡烛线时，它很可能就是 AB 波段的 1.272 倍或 1.618 倍，或者更大一些。

本章给出的例子包括这种形态的各个类型，是非常好的学习材料。读者应当记住这些形态提供的交易机会仅仅是一种可能性，并不是确定的东西。在对形态没有深刻理解又不采取强有力的资金管理措施的情况下，进行形态交易无疑于"自杀式交易"。

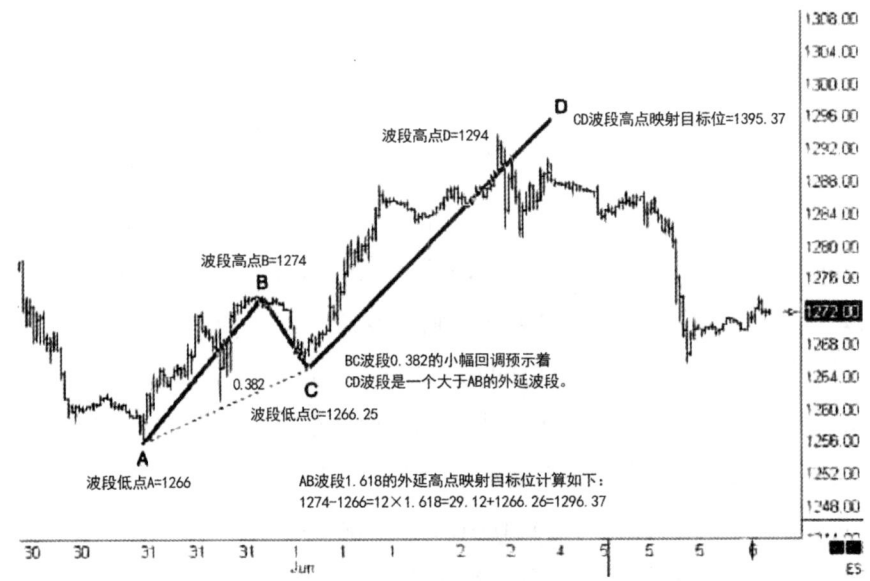

图4.12　S&P E-mini 30分钟图：先算出点A和点B的差值，再乘以1.618，然后再把前面结果加上C点的价位，就可以得出1.618外延映射位

AB=CD 形态市场心理

经典大众心理也可以形成AB=CD形态。市场中存在的两种力量导致了市场向上和向下的运动——买方多于卖方或者卖方多于买方。市场就是贪婪和恐惧的晴雨表。因为相对贪婪而言，恐惧是一种更强的情感，所以市场倾向于下跌的时候快一些，上涨的时候稍慢一些。

在任何交投活跃的市场中,价格变动可细分为三步:

- 上涨
- 下跌
- 盘整

AB=CD 形态在它简单的几何图形中包括所有的这三种变动状态。它的交易价值在于它具有重复的特性。它从买入的激情开始,最终到达卖出的高潮。

回头看一下图 4.5,我们用这个 AB=CD 做空形态作为一个例子,当价格开始在 AB 波段上涨的时候,它得到了那些想早点入场的交易者的青睐。对于各种共同基金和退休抚恤金这些大资金来说,这可以算作是提前买入。随着价格继续上涨,投机者开始注意到,并跟上来,这使得价格进一步上涨,形成 AB 波段。在向 AB 波段高点行进的过程中,散户开始买入,不想错过这段上涨。在个股或市场上或许会有一些消息在流传,进一步吸引了市场注意力。一般情况下,这个时候已经到了第一波段的后期。一旦第一波段形成,就会有人获利了结,价格开始下跌。那些在顶部区域买入的交易者开始出现亏损,恐惧开始蔓延,这助推了价格回落。

当价格回落到斐波那契回撤位附近时,那些错过第一波上涨的交易者开始建仓买入,机构投资者开始加仓。投机者也开始进场,买在一个相对较高的低点,提供价格支撑。卖压坚强了,随着新的做多交易者不断入场,价格找到了支撑,开始恢复上涨(CD 波段)。在这个时候,一些买在 AB 波段高点又经受住亏损的投资者会随着反弹上涨在盈亏平衡点处出局。还有一些在 AB 波段高点处获利但没出场的人当价格再次接近前期价位时会卖出了结。

CD 波段现在开始重复买入者的轮流上攻,随着价格进一步上涨,那些认识到他们过早卖出的交易者会重新进来。新一轮的买入冲击(或卖出)会把价格推过 B 点,并最终到达 D 点。

AB=CD 形态交易

AB=CD 形态可以在任何时间结构中发现并交易。我们将向你用实例展示如何交易这种形态，有盈利的例子，也有亏损的例子。我们在这里展示各种案例的同时，也展现了可以用于每一次交易的交易管理策略，但选用一个思路清晰的、经过学习研究的交易计划最终还是交易者自己的事（见第十三章"交易计划"）。

在期货或商品市场的交易案例中，我们使用两手合约，以便于展示分批出场的策略，我们也讲述一次性出场的交易管理策略。在股票案例中，我们采用 200 股来说明分批出场的策略。

1#交易机会：AB=CD 做空形态

市场：S&P 500 E-mini

合约手数：两手

在图 4.13 显示的交易中，S&P 500 E-mini 市场形成了一个完美的 AB=CD 做空形态。我们准备在大约 1286 处用限价单入场，开始做空交易，这个价位刚好低于 D 点价位一点点。一旦限价单成交，就在高于入场价 5 个点的价位处设置一个止损买单。本案例中止损买单被设置在 1291。

我们把第一出场位设置在 AD 波段的 0.618 回撤位上面一点。就像我们入场时设置的限价单一样，为了确保入场单成交，我们把入场价设置在低于 D 点 0.5 到 1 个点的价位。本例中第一出场单被设置在 1279.5。有时候市场或许刚好交易到这个价位，但并不击穿这个价位，如何处理这种情况，取决于交易者个人的选择。在价格到达这个价位时，我们不计较价格击穿与否，即使这样做可能导致利润少一点，我们也偏向于立即出场。我们不想让一个盈利的单子变成亏损的交易。

无风险交易

一旦第一部分仓位的利润实现了，第二部分仓位的止损位随后就调整到它的盈亏平衡点。这样就保证了两件非常重要的事：

- 减少交易风险
- 确保账面利润

到目前为止，这次交易中我们已经有了6.5点的利润，而且止损位已经调整到第二种仓位的盈亏平衡点。我们第二个盈利目标位就是AD波段的0.786回撤位。我们在1277.25处设置第二手合约的出场限价单，这个价位刚好高于0.786回撤位一点点。一旦第二个获利目标位达到了，我们随后就撤销止损单。第二手合约获利8.75点，整个交易获利15.25点。

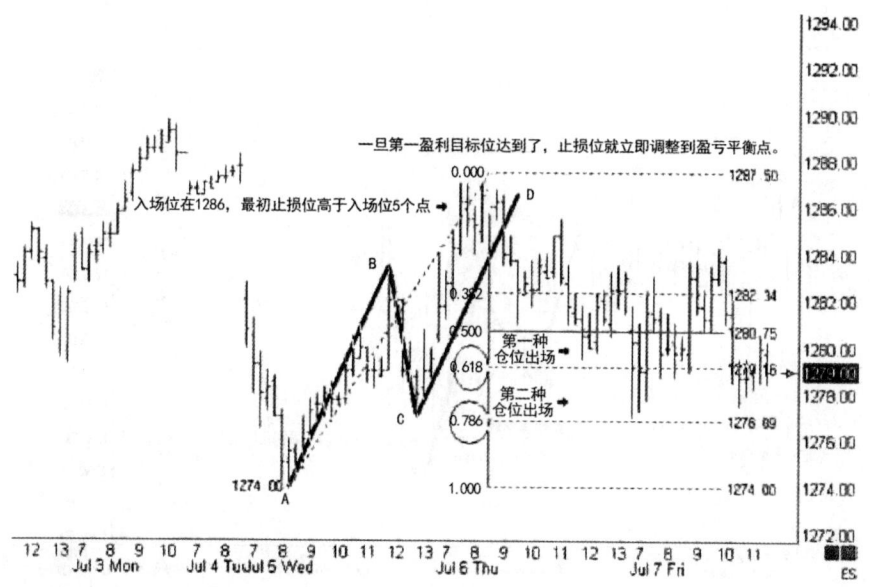

图4.13　S&P E-mini 15分钟图：日内交易AB=CD做空形态，市场在D点形成以后，几乎立即开始调头向下

第二种交易管理策略

就像以前提到过的，管理交易的方法有很多种。在这个案例中，交易者可选择把两手合约同时在0.618止盈位处出场；这样的话，这次交

易就获利13点。考虑到每手合约有5点的最初风险，两手合约就有10点风险，这也是一个非常容易让人接受的交易管理。如果这个交易在达到第一个获利目标后，价格回撤，迫使第二手合约止损出局，那么交易者会获得6.5点利润。我们已经发现最好在达到止盈位后及时获利出局，不要担心出局后市场的走向。始终要记住，你做交易是为了获取利润的。在我们的交易中，对于出场设置，两种方法我们都用。具体用哪种方法取决于当时的市场状况。

2#交易机会：AB=CD 做多形态

市场：S&P 500 E-mini

合约手数：两手

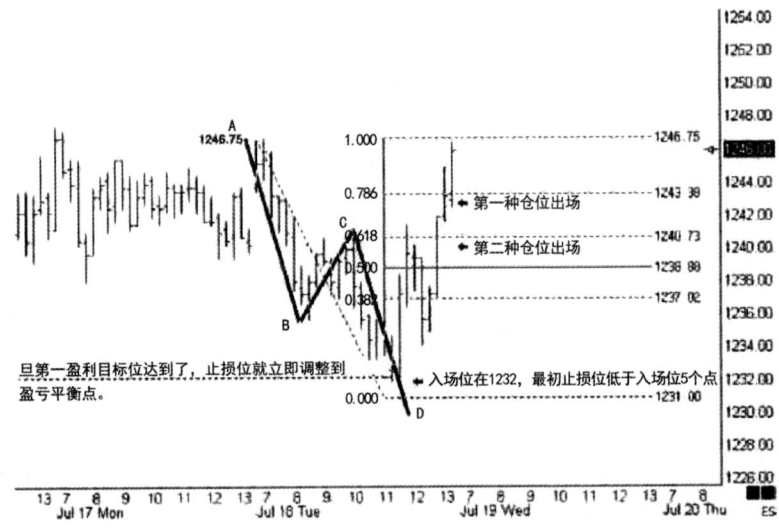

图 4.14 S&P E-mini 15 分钟图：AB=CD 做多形态，入场价设置在高于 D 点价位一点点，确实让我们的交易能够很快入场

图 4.14 所示的 S&P E-mini 做多形态是一个非常好的案例，充分展示了我们为了尽量确保入场单成交而在设置入场单时故意提高一点点价位的意义。这个交易入场在 1232.1 点入场单成交，就立即设置好高于

入场价 5 个点的止损单。第一目标位很快在两根蜡烛线内就达到了。你可以在图上看到在入场点有一根长阳线，这意味着价格会到达 0.618 回撤位。一旦第一盈利目标位达到了，止损位就立即调整到第二手合约的盈亏平衡点，以保护利润，同时也把我们放在一个无风险的交易中。第二获利目标位在 0.786 回撤位。一旦第二目标位达到了，我们就立即撤销止损单，这次交易也就结束了。整个交易获利 19 点。

第二种交易管理策略

在 0.618 回撤位处全部出场也是一个非常让人容易接受的交易管理策略。这样交易的结果是 16 点的利润。

3#交易机会：60 分钟图上失败的 AB=CD 做多形态

市场：Wal-Mart（WMT）股票

股数：200

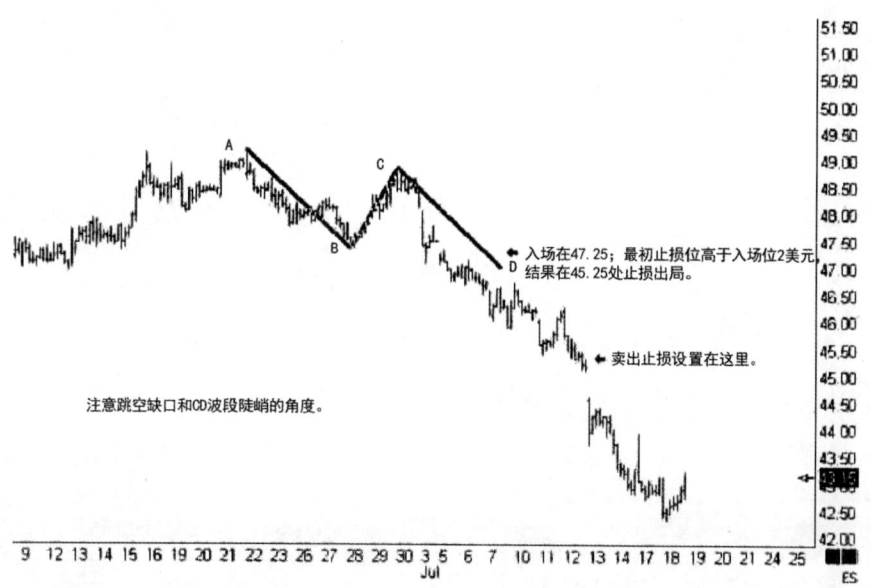

图 4.15 Wal-Mart（WMT）60 分钟图：AB=CD 做多形态交易亏损的经验，始终要坚持使用止损单

图 4.15 展示的是一个 AB=CD 做多形态交易亏损的案例。就像图中标注的，在到达 CD 波段终点的过程中，有跳空缺口，另外 CD 波段本身的趋势线也比较陡峭。交易者在交易时迟早会碰到与自己交易方向相反的跳空缺口。一般情况下，首先出现的亏损是最小的亏损，交易者必须一直坚持使用止损单。这次交易的止损设置是合理的，出场也是比较幸运的。在市场产生向下跳空缺口的情况下进行交易开仓，止损可以设置在最近日内低点的下方一点，这样可以确保没有额外的亏损，交易仓位会在最早的下跌振荡中出局（参见图 4.15 交易案例中的止损设置）。采用 2 美元的止损设置，对于仓位是 200 股的交易，在交易者止损出局时，会产生 400 美元的亏损。

在交易和资金管理中使用止损单是非常重要的。我们永远不知道哪一次交易会盈利，哪一次交易会亏损，但控制风险可以让我们有充足的资金开始下一次交易。

第五章 加特利"222"形态

加特利"222"形态是一种经典的回撤形态。它给交易者提供了一个低风险、早入场和可以长线持有的趋势反转交易机会。对于短线日内交易者，这种形态可以用来在市场对日内高低点测试时进行买卖。加特利说过，要在新一轮熊市或牛市趋势的第一个 AB=CD 形态中进行买入或卖出操作，就是在一个已经成立的趋势中入场交易，这就是这种形态的作用。市场中较大级别反转不会都遵循这种形态，但即使是这样，在形态失效的情况下，只要交易者使用合理的交易管理策略，就仍然可以获得一部分利润。

加特利"222"形态的历史

加特利"222"形态是按照它在加特利著的《股市利润》书中出现的页数来命名的。从那时起，就有很多书开始描述加特利"222"形态，也有很多行情软件开始应用这种形态。Ensign 软件就是第一个数学化地提供这种形态工具的行情软件，这个软件可以被用在股票、商品或者期货市场上。

在这本差不多 500 页的加特利书中，没有哪一页比第 221 和第 222 页更重要。作者在这两页详细地描述了这种特别的形态，其详细的程度超过了书中任何别的形态。加特利把它称为最值得交易的机会之一。这个加特利形态最有启发作用的部分就隐藏在第 222 页图 27 中，我们把它复制到图 5.1 中。

这两页最大的挑战就是如何破译有关这种形态的描述，因为书上的文字不是你想象的那么清楚，加特利没有像我们今天这样给出这种形态的解释。读者头脑中出现的最大问题就是加特利书中（图 27）这两个形态的差异。示意图 A 展示了下跌趋势中一个简单的回撤，但如果你仔细观察示意图 B，它展示的就是上升趋势的一个较为复杂的调整。作者在这两个示意图和加特利平行趋势线图（见图 4.1）中都使用了 A、B 和 C 标识。这个简单和复杂调整示意图中存在的明显区别造就了我们今天熟悉的加特利"222"形态。它更清晰地解释了这个形态，认识到这两种调整的区别就会使你在理解这种形态的理念上产生突破。

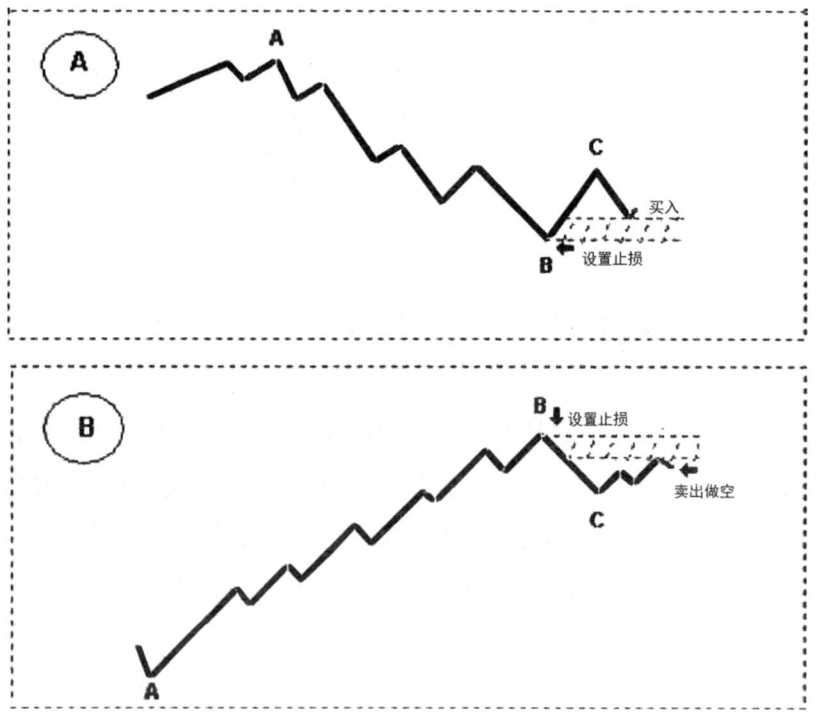

来源：加特利《股市利润》（Pomeroy, WA: Lambert-Gann 出版公司，1935）

图 5.1　加特利在《股市利润》书中插入的图 27 的复制品

接下来的一步就是在这种形态发展过程中加入神秘几何学的数学关系（这包括斐波那契求和级数）。在形态中加入斐波那契比率，为形态识别波段交易者提供了确定入场价、出场点和止损位的工具。最后一步就是统计测试这些形态的有效性。加特利已经强调指出这种形态在70%的时候是正确的。在过去的40年里，对周线图、日线图和日内走势图上出现的这种形态进行测试的结果证明，加特利最初的预判是正确的。

加特利"222"形态描述

虽然加特利相同地描述了这种做多和做空形态，但他却画出了不同的形态。大家就是按照这种加特利做空形态中的 AB=CD 形态来给它命名加特利"222"形态的。加特利把这种特别形态用于各种市场指数，他同时也把它发表在他的每周时事通讯中。

图 5.1（即是加特利《股市利润》图 27）和我们今天使用的加特利"222"形态的区别就在于两个加特利形态的组合：

1. 加特利书中第 249 页趋势线实际用途示意图（图 4.1）。

2. 与 AB=CD 形态结合在一起的加特利回撤形态（图 5.1）。

把这两种因素融合在一起产生了一个做多买入形态和一个做空卖出形态。

拉里·派斯温托在大约 20 年前发现，通过再进一步加入来自斐波那契求和级数的比例，他可以建立一个可靠的交易形态。加特利在这种形态中也使用比率，但他使用的是三分之一和三分之二，而不是来源于斐波那契求和级数的比率。在这种加特利形态中我们主要使用的斐波那契回撤比率包括：0.382（用于强劲趋势）、0.50、0.618 和 0.786。就像在后面的形态结构中提到的，1.00 可被用于双重顶或双重底的形态。

加特利在他 1935 年的大作中声明：在过去的 30 年中，他发现这些形态交易能够获利的成功比率是70%。目前的统计表明这个成功率仍然与加特利七十多年前建议的一样。

加特利"222"形态结构

加特利"222"形态的结构基本上与AB=CD形态的结构一样，只有一个区别：前者多了一条"锚"住AB=CD形态的"腿"。AB=CD形态是由三条腿组成的，但是加特利形态是由四条腿组成。加特利形态必须包含一个AB=CD形态，这样它才是一个有效的加特利形态。这种形态的起点通常被标注为X。一旦这条腿形成，就开始形成AB=CD形态（见图5.2）。

像AB=CD形态（第四章）一样，加特利形态存在于各种市场和时间结构中。这种形态是对前期高点或低点的再次测试，它给交易者提供了一个在趋势方向上的入场机会。适用于AB=CD形态的规则也同样适用于加特利形态内部的AB=CD形态。

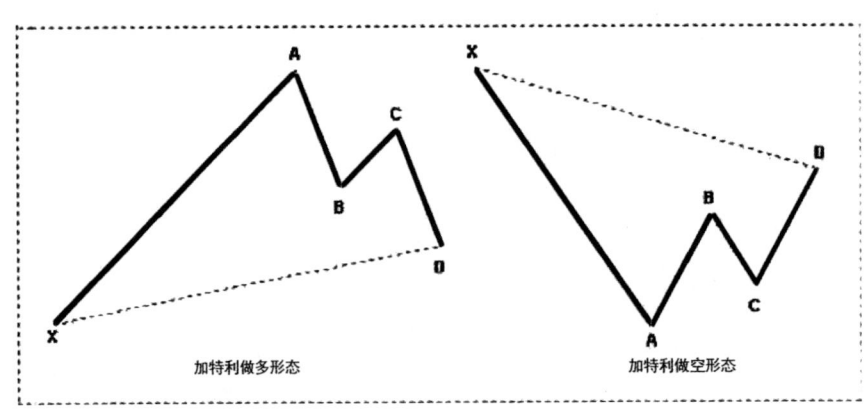

图5.2 加特利"222"做多和做空形态：内部包含一个AB=CD形态

掌握什么情况可以使加特利"222"形态失效是非常重要的。一个有效的加特利形态必须符合以下三点（见图5.3）：

1. D 点不能穿越 X 点。
2. C 点不能穿越 A 点。但 BC 可以是 XA 的 1.00 倍，这是一个双重顶或双重底的市场状态，这种形态较为少见，但它却是有效的。
3. B 点不能穿越 X 点。

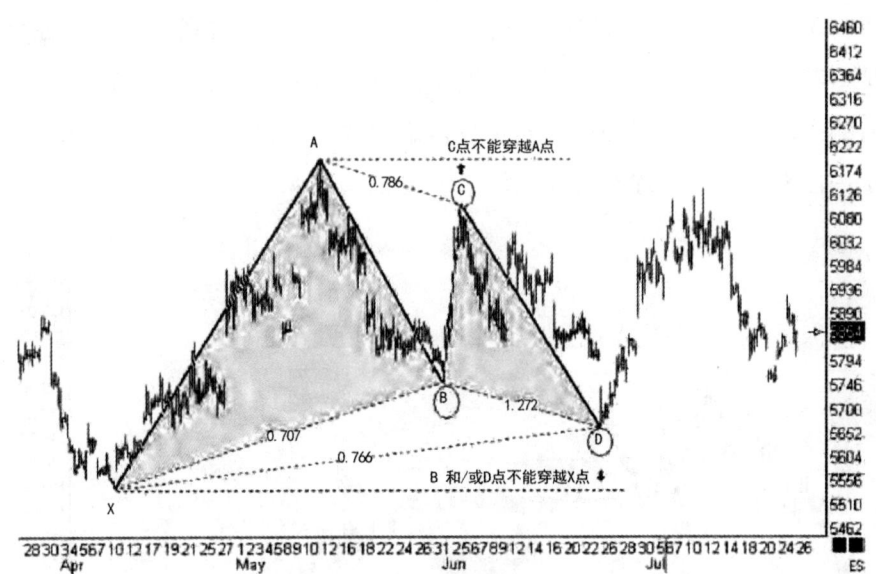

图 5.3　大豆日线图展示确认加特利 "222" 做多形态有效的条件

适用于 AB=CD 形态的警示信息也同样适用于加特利形态：CD 波段在接近终点处出现了跳空缺口、大幅蜡烛线和光头收盘的蜡烛线（见第十一章）。

加特利 "222" 形态的主要特征

加特利形态可以被拆分为 4 个波段。X 点是波段的高点或低点，也是形态的起始点。X 点可以在大时间结构市场走势的主要高点或低点中间找到。然而，有时候也可以是较大级别趋势内的高点或低点。换句话说，在点 X 不是主要高点或低点的时候，这种形态也可以在一个较大级别的波段内形成（见图5.4）。重要的是记住大多数交易者在大多数情况下不会恰好在高点或低点进行交易建仓，但是加特利"222"形态给交易者提供了一个在回撤位顺趋势入场的低风险交易机会。

X点是所有技术型交易者每天都会观察的支点或锚固点。在X点形成后，市场开始在一个方向上移动，XA波段开始形成；在这个阶段，不可能确定A点究竟在什么位置。但这个第一波段刚开始形成的某些特征对于预测它的长度和力度还是有些帮助的：如果在趋势方向上有跳空缺口、大幅蜡烛线和光头收盘蜡烛线，那就意味着这个波段还要走一段时间，随后才有可能回调（参见前文图4.7）。

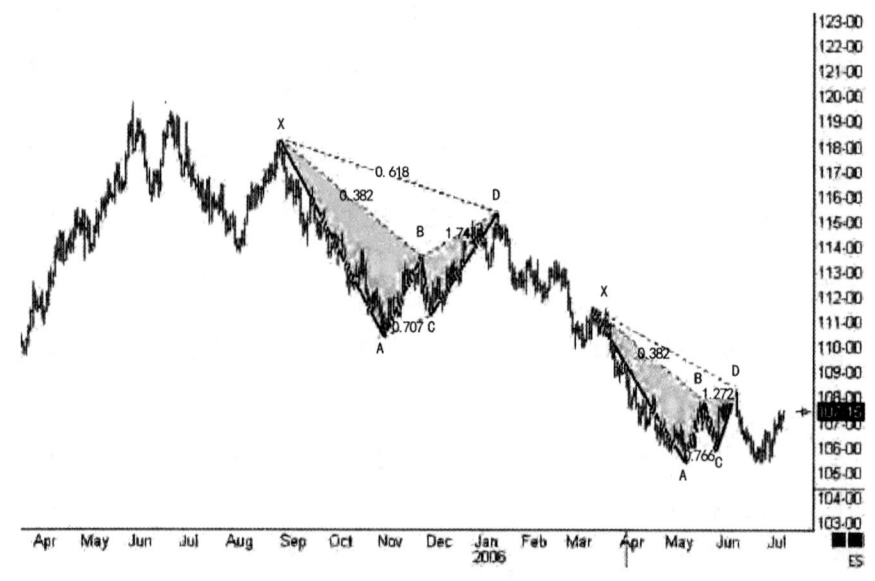

图5.4　30年期债券日线图：加特利"222"做空卖出形态出现在下跌趋势内部

随着第一波段的逐步深入，它会突破前期支撑或阻挡。确切知道XA波段形成的唯一方法是看见第二波段AB形成。在接近A点时，很多时候会形成十字星或镊子线，告诉我们动量在减弱。十字星蜡烛线是一种日本蜡烛线形态，它的收盘价接近开盘价或就是开盘价。它被认为是一种中性线。镊子顶或底也是一种日本蜡烛线形态，当两个蜡烛线具有同样的高点或低点时，它们就组成镊子线（见图5.5）。

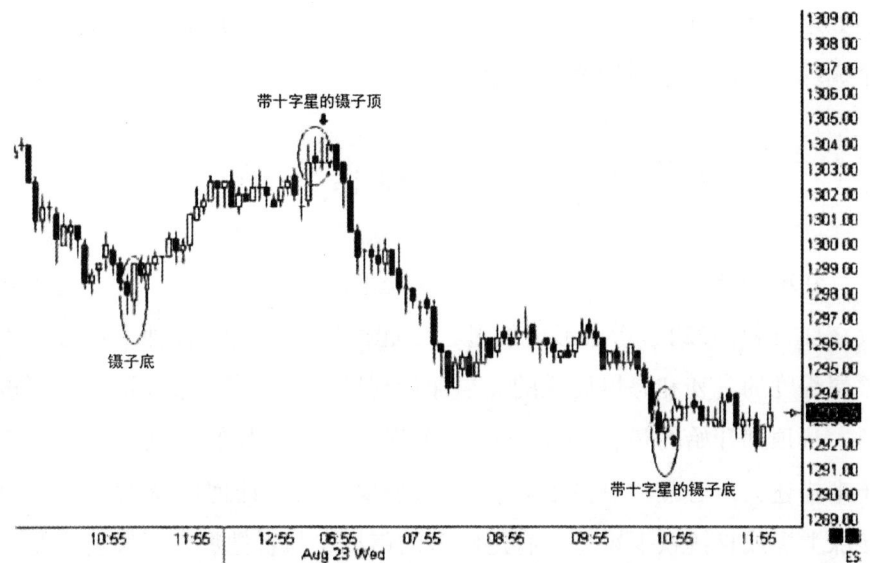

图5.5 S&P 5分钟图展现了镊子顶和镊子底形态。这个镊子顶形态和较低的镊子底形态也展示了一个十字星蜡烛线，箭头指向的就是十字星线

一旦XA波段形成，下一步就是观察AB波段的形成。这个波段是对从X点开始的第一冲浪（波段）的回调。在这个波段形成过程中，几个关键点是：
- 市场回撤位处的斐波那契比率。
- 这个波段包括的蜡烛线数量。
- 斜率和冲击力度的相似性（见第四章，"斜率和时间结构"相关内容）。

例如，如果AB波段占用了相当长的时间（超过8到10根蜡烛线），那么我们就会假定市场正在开始一个大级别调整，可能到达0.618或0.786或更大的回撤位。

当价格开始从 B 点调头向下或向上运行时，需要注意的是：如果 BC 波段超越 XA 波段，整个形态就失效了（见图 5.3）。BC 波段与 XA 波段有可能相等，形成双重顶或双重底形态，这时整个形态仍然有效。但如果 C 点超越 X 点，形态就失效了；这种失效的形态有可能形成一个蝴蝶外延形态（见第六章蝴蝶形态）。

加特利 "222" 形态市场心理

在第四章，我们描述了 AB=CD 形态的大众心理变化。同样的因素会在加特利 "222" 形态形成的过程中起作用。它是由各种市场参与者不同程度的贪婪和恐惧促成的。当加特利形态在一个主要顶部高点形成时，从顶部开始的最初冲击会在点 A 遇到支撑（我们用做空形态的例子来描述大众心理，见图 5.4）。市场很少在没有任何回调的情况下直接涨上去或直接跌下来。当有足够多的市场参与者把那个区域看作是一个买入机会，觉得价格可以从那里开始反弹时，他们就开始买入，这个地方就会形成 A 点。形态中的 C 点也是这样形成的。因为市场中总有买入和卖出的交易者，当价格形成 B 点和 D 点的时候，做空卖出者会大量进入，把这些地方当作出场点或开空仓的价位。形态中的 D 点是真正确定多空双方谁将取胜的关键时刻。价格下跌将犒劳卖出做空交易者，价格超越 X 点将会使这个形态失效。

如果形态成立，市场价格击穿 A 点后，仍然可以继续下跌。在这个时候，前期很多支撑区域都被打破，所有在 A 点以上买入未出的市场参与者或交易者现在都遭受了亏损。个别交易者很快止损出局，但很多其他交易者开始等待价格回到他们的入场价位——这种情况也许发生，也许不发生，这就是交易中真实的人性。随着价格继续下跌，越来越多遭受更大亏损的交易者被迫在极不情愿的价位斩仓出局。这时候通常会产生预示着即将见底的卖出做空高潮，紧接着随着做多买入者进场，价格开始遇到支撑企稳。

加特利"222"形态交易

就像以前提到的,加特利形态可以在任何时间结构中找到并交易。这种特定的形态去除了抄底或卖在顶部的心理需求,因为它就是对最近高点或低点的回抽确认,它让你买在一个相对较高的低点,或者卖在一个相对较低的高点,对于趋势交易而言,这是非常理想的入场位置。趋势的定义就是逐渐抬高的高点和低点形成上涨趋势,逐渐降低的高点和低点形成下跌趋势。

我们在下面三个加特利"222"形态交易案例中,给你讲述这种形态交易的入场点、出场价和止损位。另外请你参考第十三章"交易计划",它会帮助你针对这种形态制定一个个人交易计划。

在期货或商品交易案例中我们采用两手合约,在股票市场中我们采用200股股票来展现分两次出场的技术。我们在"另一种交易管理策略"中也讲述一两个案例,为你在实际管理这种形态交易时提供一个可选项。

1#交易机会:加特利"222"做多形态

市场:美豆

合约手数:两手

这次交易的入场点在 D 点的 0.786 回撤位。参见图 5.6,在这个形态中你可以看到价格在 0.786 处反复测试了几次。请注意 CD 波段内部小级别的 AB=CD 形态,我们用小括号和小写字母来标注它,这预示着这种形态即将形成。

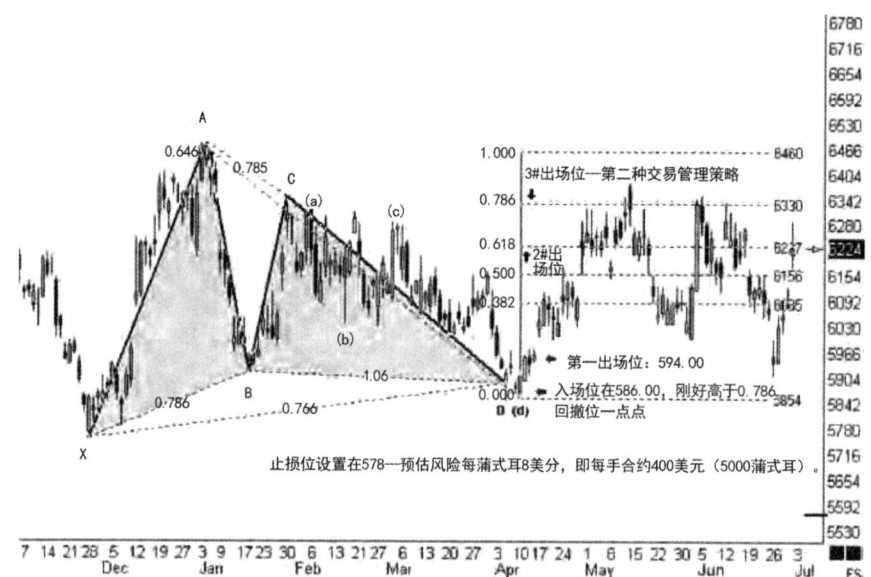

图 5.6　美豆日线图出现了一个加特利"222"买入形态交易机会，市场三次测试 0.786 回撤位——这或许给交易者提供了一个关于盈利目标的线索

我们把限价入场单设置在 586.00，刚好高于 0.786 回撤位一点点，把最初止损位设置在比入场价低 8 美分的位置，即每手合约亏损 400 美元的地方。当交易这种加特利形态时，把止损设置在低于 XA1.00 倍的价位是最理想的，但有时候这种止损区间就太大了，在每次交易时都要注意计算止损时亏损的资金是否超越总资金预估亏损比例，然后再决定止损位。如果交易者按照自己的资金管理计划，不能找到一个可以接受的止损位，那么就应该取消这次交易。应该去找另外一个具有可接受风险的交易机会。另外如果形态没有被破坏，我们就可以在止损出局后，再次入场交易。这些都是交易者必须连续做出决策的情况。

无风险交易

这次交易第一出场位在 594.00，盈利将会是每蒲式耳 8 美分，即每手合约 400 美元。这样做的原因是：如果我们冒了 8 美分的风险，我们又在一部分仓位上获利 8 美分，那么我们就可以随即把止损位提高到剩余仓位本身的盈亏平衡点的位置，这样一方面减少交易中的风险，另一方面把我们自己放到一个无风险交易的位置。

这次交易第二出场位在 622.00，在 0.618 回撤位上。这样交易的结果就是第一手合约每蒲式耳获利 8 美分，第二手获利 36 美分，合计获利 44 美分，这等于 2200 美元。

随着价格在交易者的预期方向上逐步推高，交易者可以调整止损，以便于锁定利润。在调整的时候，没有确切的方法，什么时候都适用、100%保险的方法是不存在的。如果交易者在价格到达最终获利目标前，因过早调整止损位而出局，那么他可以在回撤类型形态形成时再次入场交易（参见第八章回撤入场有关内容）。在设置追踪止损时可以使用一个具体的货币数量，或者价格比例，或者斐波那契回撤比率；另外也可以把止损设置在高于或低于关键价位的位置或者其他图表上可见的支撑位或阻挡价位。

在图 5.7 中，你可以看到一旦价格到达加特利做多形态中 AD 波段的 0.382 回撤位，我们就可以从最近波段低点到高点或者 AD 波段 0.382 回撤位向下映射一个新的回撤，可以把止损位调整到稍低于 0.786 的回撤位。如果价格低于 0.786 回撤位，我们就假定这种形态可能要失败。本例中，可以把这个位置当作第三个止损位设置。

1. 最初止损位在 578.00.
2. 在价格涨过 1#出场位后，止损位调整到盈亏平衡点。
3. 追踪止损调整到 0.786 回撤位。

第二种交易管理策略

在本例中，我们给你讲述了分三批出场和分两批出场的情况。在更大的时间结构上，采用分三批出场的交易策略可以获取更多利润。交易者在实施这种交易策略时，对于自己的投资组合一定要坚持使用正确的资金管理计划，永远不要超越界限。这个策略的一个缺点就是如果第三目标位没有达到，价格开始反转，而且第三手合约在低于第二盈利目标位的价位止损，那么交易者就会因此回吐一部分利润。

在图 5.6 中，我们已经标出了 0.786 的位置并把它作为第三个也是最终盈利出场目标位。做这个交易的交易者将会很可能获得额外的 11 美分利润，即每手 550 美元。

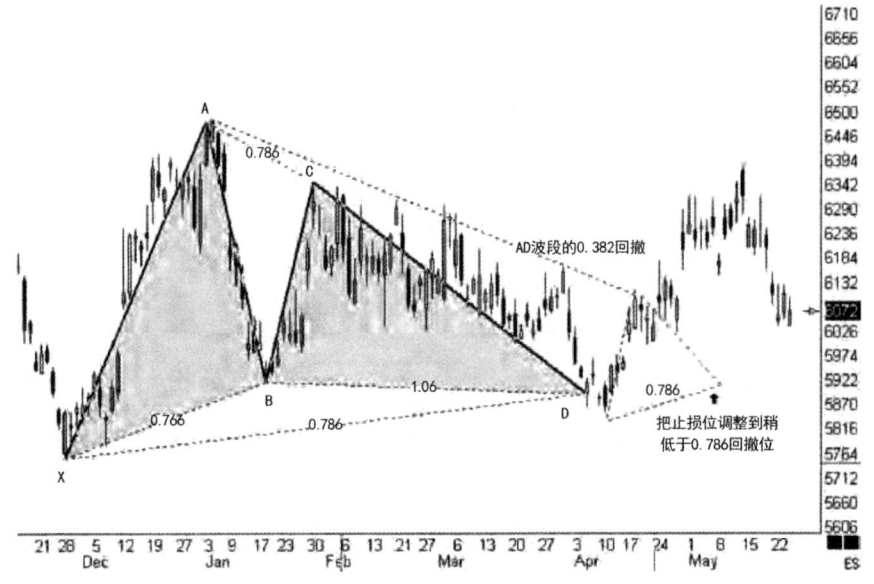

图 5.7　美豆日线图：使用一个斐波那契回撤位作为止损位

2#交易机会：加特利"222"做空形态

市场：Google（GOOG）股票

股数：200

我们把限价做空单设置在 384.25，刚好低于 0.786 回撤位开始做空（见图 5.8）。一旦交易单成交，即刻输入一个保护性止损买单，止损价在 389.75 比入场价高 5.50 美元，刚好高于 XA 波段的 1.00 倍一点点。第一获利目标位在 378.75，低于入场价 5.50 美元，与所冒的风险在数量上相等。一旦价格达到这个目标位，一半仓位获利了结，把止损调整到盈亏平衡点。第二个止盈位在 371.50 美元，就是 0.618 的回撤位。为了能够顺利成交，我们把限价出场单的价格修改到 371.75 美元。一旦市场价格达到第二获利目标位，就立即把止损买单取消。

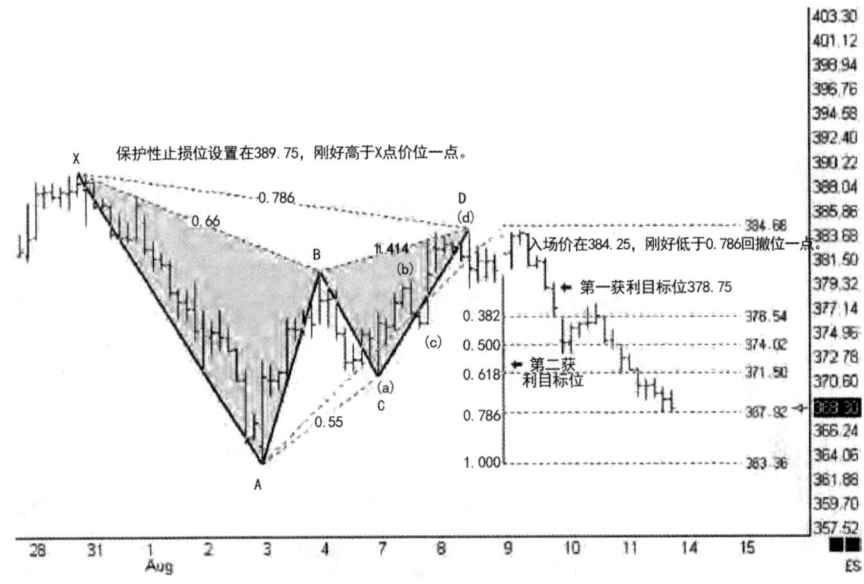

图 5.8　Google（GOOG）60 分钟图出现加特利"222"做空形态

把止损位设置在高于 X 点的位置是可以接受的。风险是每股 5.5 美元，对于股价为 384 美元的股票来说是非常低的。

由于这支股票的高股价和较大的资金进出，在止损被调整到盈亏平衡点后，随着股价在预期方向上推进，交易者肯定想跟踪调整止损以便于保护利润。在小时间结构上观察最近的波段，利用走势图上的关键位置或斐波那契回撤位调整止损位是比较有用的（见图 5.9）。本例中，使用 30 分钟图或 15 分钟图就足够了。

这次交易在第一次出场时会获利 5.5 美元每股，在第二次出场时获利 12.50 美元每股，合计获利 1800 美元。

第二种交易管理策略

第二种交易管理策略是在 0.618 回撤位全部获利出场。这将使这次交易的盈亏比达到接近 3：1 的状态。那我们为什么不每次都这样做呢？答案是非常简单的：在我们多年的交易经历中，我们发现在盈利接近或达到所冒风险的数额时，获利了结一部分利润可以使我们总体交易的盈亏比达到一个更高的数值，而且可以迅速降低交易风险，甚至达到无风险交易的状态。不论什么时候,我们都要把自己放在一个无风险交易的状态,我们就要那样做。

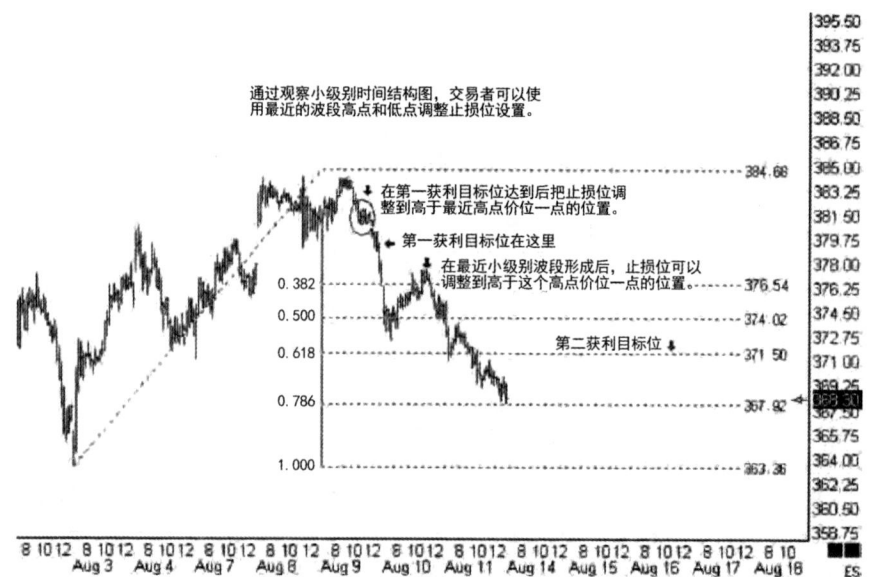

图5.9 Google（GOOG）15分钟图：在小时间结构图中采用最近的波段帮助交易者调整止损

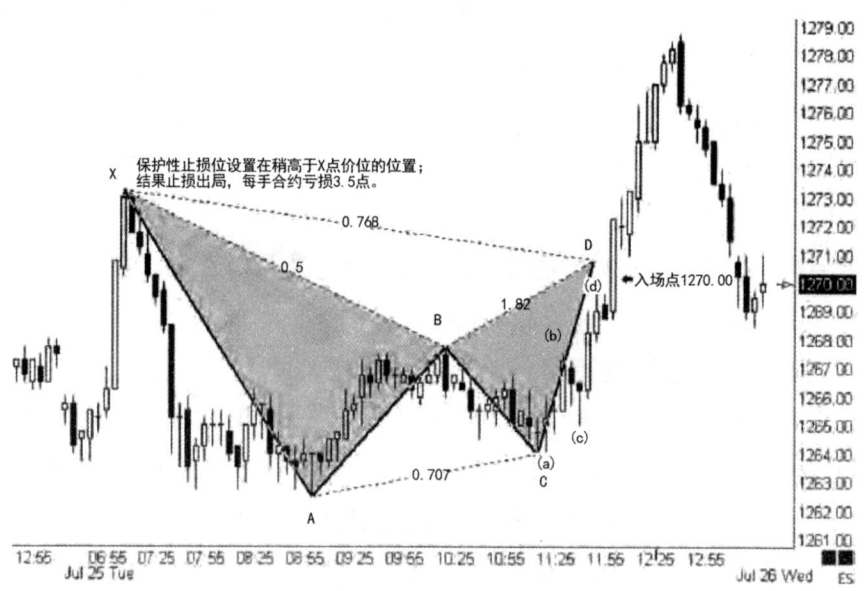

图5.10 S&P E-mini 5分钟图：失败的加特利"222"形态

大幅蜡烛线出现在形态形成的终点,是一种警示信号,但在止损单成交前它看起来并不像后来走出来的样子。

3#交易机会:失败的加特利"222"形态

市场:S&P 500 E-mini 股指期货

合约手数:两手

在图 5.10 中,我们把限价入场做空单设置在 1270.00;成交后,把保护性买入止损单设置在 1273.50,稍高于点 X 的价位;然后价格立即突破止损位,整个交易被止损出局。在 D 点附近的大阳线还没有形成之前,我们这次的做空交易已经被止损出局了,那根大阳线是警示信号之一。有时候这种事情就发生在市场中,它是交易事业的一部分。保护性止损单把亏损控制在一个相对较小的范围内,这样我们才可以继续做下一次交易。

不论交易的结果如何,都要接受交易的全部责任,要学习使用胜算概率来思考。加特利"222"形态给交易者提供了一个积极的预期,但这并不意味着没有风险。承担交易风险,采用可靠的资金管理策略,培养高超的执行技巧是每个交易者的责任。

第六章 蝴蝶形态

蝴蝶形态是我们比较喜欢的扩展形态之一。这种特别的形态交易机会注重在市场反转点附近进行交易，试图买在低点，卖在高点。这种形态构造倾向于出现在主要的顶部和底部区域，它们可以出现在各种时间结构中。有时候会在同一价格区域内，几种时间结构图上可观察到不止一个蝴蝶形态。

这种形态交易的盈亏比是非常招人喜欢的。具有最佳形态的市场倾向于在形态形成的时候立即改变方向。它是能够真正地找到底部或顶部的为数不多的形态之一。但是这种形态不是100%有效的，交易者必须要进行止损设置，就像你将会在本章最后一个交易案例中看到的那样，当这种形态失败的时候，它会败得很惨。

蝴蝶形态的历史

为了解说蝴蝶形态的历史，我们必须介绍澳大利亚交易者、波浪交易者软件的制作人布莱斯·吉尔摩（Bryce Gilmore）。布莱斯毕生致力于研究艾略特（R.N.Elliott）、江恩（W.D.Gann）还有别的交易大师的作品。他在1988年开发了波浪交易者软件——它是第一个使用包括斐波那契数字在内的所有神秘几何数字的计算机软件，是他的这种开创性探索研究最终导致了蝴蝶形态的发现。

波浪交易者软件计算分析每一个波段和比率，并按照波段和比率在某一位置聚集的程度，把市场形态按级别定为 1 到 10 级。10 级意味着 10 个波段和比率在同一时间和价格汇集在一起。这就是多种遵循神秘几何比率的形态同时形成的市场状态。布莱斯把所有的神秘几何数字包括进去为的就是综合利用所有的市场信息。就像很多形态交易一样，当波浪 10 级的交易失败时，通常表明市场会继续在原来趋势方向上运行。

布莱斯在他尝试的每一件事情上都是一个完美主义者。有一次他在国库债券市场上做了广泛的研究后，得出结论 T-bounds 不会超过 101.00。他在 101.00 价位做空 T-bounds，把止损位设置在 101.02，这对于每手合约来说刚好是 62.5 美元。当时拉里建议说这个止损位或许有点太近，布莱斯叫喊到：“如果那些债券超过 101.02，我阅读、研究和信仰的一切东西都会是一个错误！”他接着说，如果债券涨到 101.03，他就会烧掉他所有的书籍和材料，回到澳大利亚的老家去驾驶赛车和打高尔夫球。债券在 101.00 创出了一个波段高点后，下跌持续了两个月。

蝴蝶形态出现在 1992 年的一个交易日，这一天拉里和布莱斯正坐在一起观看一个波浪 10 级形态的形成。它以很多不同的颜色出现，就像两个五彩缤纷的直角三角形碰到一起，拉里评价说它看起来像一个蝴蝶。布莱斯回答说这个名字对于这个形态来说真是再好不过了，这就是蝴蝶形态名字的由来（见图 6.1）。

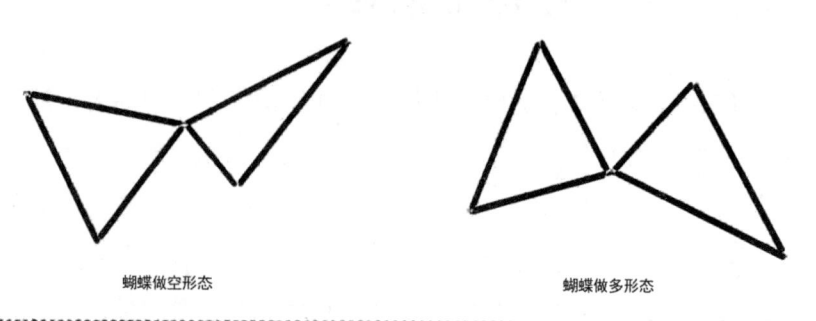

图 6.1　蝴蝶做多形态和做空形态示意图

第六章 蝴蝶形态

差不多二十年过去了,在数以千计的蝴蝶形态成功"飞起"后,可以说配上适当的止损措施,它是盈利潜力最大的形态之一。当你通览本章,学习这种形态的时候,请注意风险。

蝴蝶形态描述

蝴蝶形态是一种扩展形态。它是一种失败的加特利形态,就像加特利形态终点 D 点超越了 X 点。记住如果出现了这个现象,这个加特利形态就是一种失败的形态,但随着这种失败特征的出现,一个蝴蝶形态可能就要形成(见图6.2)。AD 波段和 CD 波段的外延扩展可以被认为是拉长了的橡皮条,就是在这些点上市场才变成超买或超卖状态,然后就产生了反转。

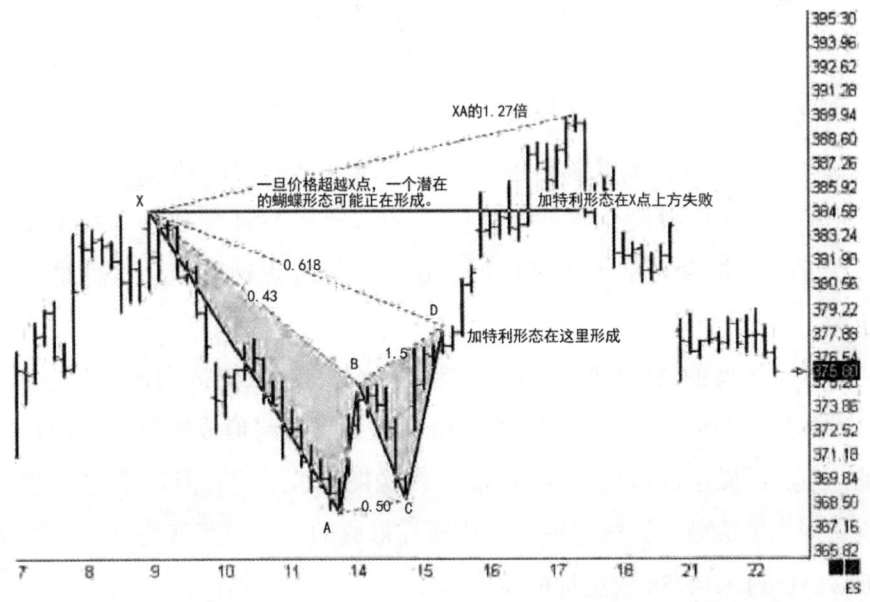

图 6.2 Google（GOOG）60 分钟图：一个失败的加特利"222"形态转变成一个蝴蝶形态

即使大反转没有出现，交易者仍然可以通过在蝴蝶形态的 CD 或 AD 波段的回撤位上清仓出局而获利。在本章后面的"蝴蝶形态交易"中 2#交易机会就是这样的案例。这种形态是由两个直角三角形在一个点上碰在一起形成的。正是这种形态构造特别像一只蝴蝶才使得蝴蝶形态得以命名。形态终点可以采用大于 1 的斐波那契比率来计算，这些外延比率包括：1.272、1.618、2.00、和 2.618。超过 2.618 以后，这种形态就失效了，原来的趋势很可能会继续演绎。在大多数情况下，最大的风险在 1.618 的位置。

由于每一种形态都有可能失败，蝴蝶形态也不例外，我们在这里再次提醒诸位：当这种特定形态失败的时候，市场会在与预期方向相反的方向上剧烈地快速变动；如果交易者没有严格的纪律或成熟的交易技术去使用止损，最好不要交易这种形态。

蝴蝶形态结构

蝴蝶形态在它的构造形式上应该是非常对称的形态。就像加特利"222"形态一样，蝴蝶形态包括四个波段。它们的区别在于蝴蝶形态的最后一个 CD 波段会向外延伸到 X 点以外，并且会到达 XA 波段的 1.272 或 1.618 的位置（见图 6.3）。这种形态终点通常是由 XA 波段决定的。

这种形态的 AB 波段的 B 点一般在 0.618 或者 0.786 回撤位。

如果这个回撤仅到 0.382 或 0.50 的位置，最终形成的形态也是有效的。B 点回撤位也可以超越 0.786，就像图 6.3 所示。但如果它超越 X 点，形态就失效了。蝴蝶形态或许正在形成的一个征兆就是第一个回撤波段 AB 到达 0.786 或更远的位置。

了解什么情况能使这种形态失效是非常重要的。下面列出的是形态不再成立的五种状态：

1. 在 AD 波段内部没有 AB=CD 形态。蝴蝶形态必须包含一个 AB=CD 形态。

2. 出现超过 XA 波段 2.618 倍的外延回撤波段。1.618 外延比率通常是波段最大的回撤比率。

3. B 点高于（对于做空形态）或低于（对于做多形态）X 点。

4. C 点高于或低于 A 点。做多形态 C 点不得高于 A 点；做空形态 C 点不得低于 A 点。

5. D 点不能超越 X 点。蝴蝶形态的 D 点必须超越 X 点。

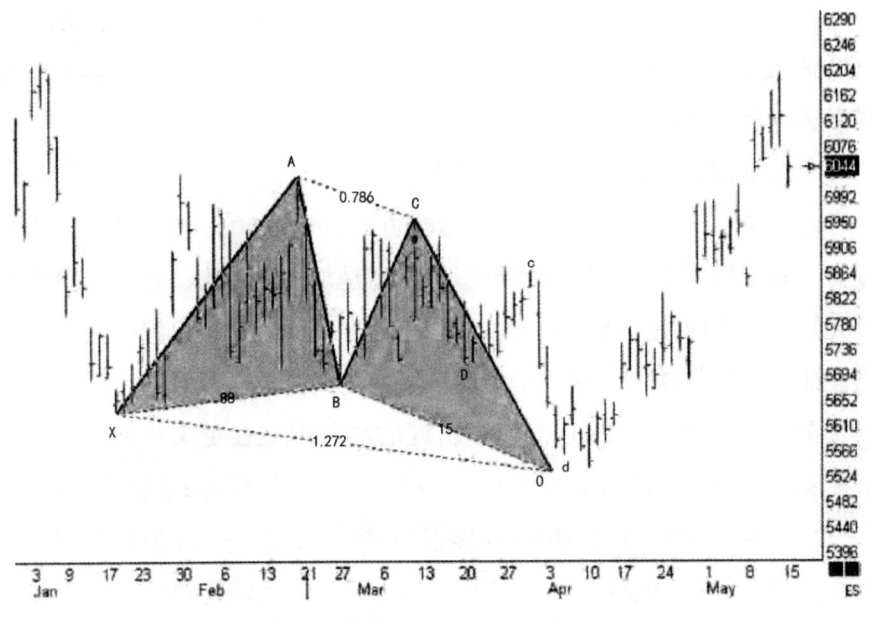

图 6.3 美豆日线图出现蝴蝶形态

在一个主要波段内部出现一个较小的"ab=cd"形态也是屡见不鲜的事。比如，在图 6.3 中，AD 波段的 AB=CD 形态内部就有一个 ab=cd 形态。

有一些我们喜欢的交易机会就在某一个价格区域的几种时间结构中同时包括多种形态。第八章"回撤入场和多重时间结构"包括更多这方面的详细内容。

蝴蝶形态的主要特征

在本书所有形态当中,如果蝴蝶形态确实是市场中一个主要反转点,那么它可能就是最受恩宠的一个形态。它实际上是极端逆向交易者的交易形态。如果交易者不花时间学习掌握如何正确评估和管理这种形态,那么它的风险是非常巨大的。当学习这种形态时,有几个重要特征是值得掌握的,它们会帮助交易者识别什么是有效的形态和具有可接受盈亏比的交易机会。请回头看一下第四章"AB=CD"形态,回顾一下"CD波段变体"和"斜率和时间结构"部分的内容。那些内容对于蝴蝶形态内部的AB=CD形态仍然适用。

下面是蝴蝶形态的三点重要特征:

1. **冲刺**。从C点开始的波段运行方式是非常值得观察的,它会提醒交易者市场或许在形成蝴蝶形态,而不是加特利形态。冲刺包括市场以大幅蜡烛线或跳空缺口的方式穿过0.618或0.786的位置。交易者应当仔细观察跳空缺口。它们是市场情绪变化的征兆,潜在性地预示着市场状态正在发生改变。CD波段中出现的冲刺现象在更大程度上表明这个扩展波段有很大的可能性要到达1.618回撤位而不是1.272的位置。

2. **对称**。学习掌握AB=CD形态的对称性,注意AB波段的斜率和角度,然后是CD波段。如果CD波段出现一个比较陡峭的角度,那么它或许预示着CD波段会超越X点,形成一个蝴蝶形态。AB波段的斜率应当和CD波段接近,它们应该是比较对称的;这样形成的形态是比较理想的。也要注意这些波段包括的蜡烛线个数,例如,AB波段有八根蜡烛线,那么CD波段的蜡烛线个数也应该接近八根,这样才能形成一个比较理想的蝴蝶形态。

3. **失效信号**。警惕价格超越XA波段1.618倍的走势。一般情况下,超越1.618的走势预示着原来的趋势将继续演绎。如果技术分析者注意到这些特征，它们就会帮你大大减少陷入蝴蝶形态的麻烦。蝴蝶形态不是给胆小鬼准备的，它们出现在最牛的牛市和最熊的熊市中，它们需要反趋势方向进入市场。

蝴蝶形态市场心理

我们在前面第四章"AB=CD形态"和第五章"加特利'222'形态"中探讨过，贪婪和恐惧是如何形成这些形态的。当买入较多时，价格上涨；当卖出较多时，价格下跌。既然蝴蝶形态是一种扩展形态，它出现在市场主要的顶部和底部区域，而且经常预示着市场要发生大级别反转，那么我们就可以应用基本的大众心理学去见证它出现在极点。当这种形态成为市场中一个主要反转点时，你将会见证的是在市场转折时各路投机大军同时涌向一个关口进行疯狂交易的壮烈景象。这是市场中贪婪和恐惧情绪的一种极端发泄。

在顶部时，市场参与者开始涌向门口试图做空卖出。这里夹杂着因错开空仓或过早开空仓导致亏损的恐惧，担心利润减少的恐惧，也有做多仓位获利了结，或者新开空仓的交易操作。在底部时，市场参与者开始在感觉比较低廉的价位买入；别的参与者仍然涌动着卖出亏损的多头仓位（这被称作是吐血点，交易者或投资者在这一点上不能再忍受一分钱的亏损）；也有一些交易者在获利了结。这一刻，随着价格上涨，任何新的空仓会被强制止损出局，这增加了更多的能量。这一点是亏损恐惧或因错过机会而担心的极点。

在市场出现这些大转折点的时候，大家可以看到在电视、报纸和杂志等新闻媒体上充满着铺天盖地的市场新闻。人们在各种公众场合或私人聚会时都在谈论着市场，甚至走在大街上也时而不时地会听到有人谈论市场。所有的这些有关市场的新闻或谈论，都是在市场处于顶部已经出现蝴蝶做空形态的情况下，赞美强劲的牛市；或是在市场处于底部已经出现蝴蝶做多形态的情况下，助推惨烈的熊市。这时候铺天盖地的新闻大都非常偏激地鼓吹市场原来的趋势方向，好像根本没什么人会承认他持有与大众观点截然不同的观点。使用长期移动平均线的参与者更不会在与趋势方向相反的方向上开仓，全然不顾蝴蝶形态快要形成了。

交易者应当铭记只有非常少的交易者曾经买卖在绝对的高低点，但随着牛市顶部最后一次买入交易或熊市底部最后一个卖出交易的出现，蝴蝶形态才最终开始转向。

蝴蝶形态交易

当市场在蝴蝶形态终点处快速转向时，这种形态可以让交易者即刻得到满足。但是，它也可以飞快地产生交易亏损，这是因为交易者试图买在市场的最低点，卖在市场的最高点，而且如果交易开始亏损，原来的趋势继续"涛声依旧"，这个交易通常会很快地止损出局。我们已经不止一次地强调使用保护性止损单的重要性，对于这种蝴蝶形态来说它尤为重要。这种形态不是交易者可以抛开交易计划和资金管理计划，放任交易仓位随便亏损的形态。

我们下面给出三个蝴蝶形态交易案例和几个不同的交易管理方式。

1#交易机会：蝴蝶形态

市场：Pfizer（PFE）Stock

股数：200

（对于进行蝴蝶形态交易，分三批出场的交易者请参见"第二种交易管理策略"）

这个蝴蝶做多形态形成在1.272的位置，市场在这一点开始出现了一个剧烈的反转（见图6.4）。值得注意的是跳空缺口和大幅拉升的蜡烛线对于在这个蝴蝶形态终点开始做多的交易者来说是非常有利的。这个信号是价格可能要大幅拉升的前兆。

这次交易的入场点在20.30，止损位设在19.10，稍低于XA波段的1.618位置（19.50）。风险是每股1.2美元，对200股而言，就是240

美元。

不论任何交易形态，交易中的风险必须确保在可以接受的范围。如果不是，那么交易者就必须放弃这次交易机会，去找别的具有可接受风险的机会。当进行蝴蝶形态交易时，先行计算 1.618 价位和 1.272 价位的价差是很重要的，利用这个结果来决定是将止损位放在 1.618 的上面还是下面，判断的依据就是哪种止损位的预估亏损是可以接受的就选定哪种止损位。如果都不符合，交易者必须决定要么放弃这次交易机会，要么在 1.618 价位附近再入场，当然前提是价格能达到那个位置。

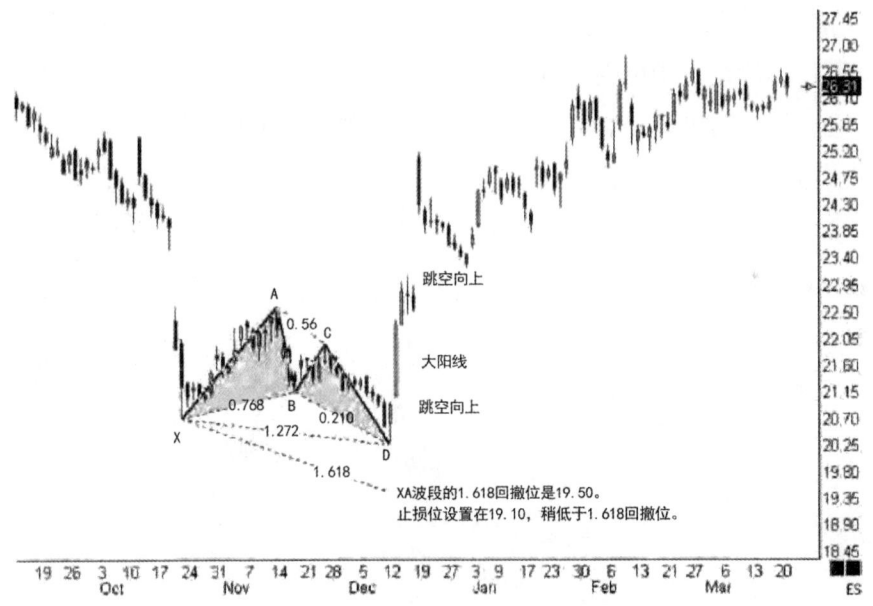

图 6.4　Pfizer（PFE）日线图：蝴蝶做多形态刚好在 1.272 回撤位形成，跳空缺口和大阳线是股价大幅拉升的征兆

另一个选择是采用一定量的货币数额或资金比例来计算止损位，这种做法是考虑到或许市场中存在另外一个入场点，在止损出局后可以再重新进入。还有一个选择是等待一个回撤入场机会或加特利形态的入场机会。请参考第八章回撤入场和第五章加特利 "222" 形态的有关

内容。

无风险交易

这次交易的第一出场位在 AD 波段的 0.618 回撤位 21.70（见图 6.5）。最初的风险是每股 1.2 美元，这个出场位获取的利润刚好稍高于最初的风险，在第一出场位减仓后，立即把止损位调到盈亏平衡点。止损位也可以采用一定数量的货币、交易者可以忍受的最大利润回吐百分比或者走势图上的关键点来追踪设置，但是交易者准备用来追踪设置止损点的方法应当在交易前的交易计划里提前确定下来。

这次交易的第二出场位在 AD 波段的 1.272 外延回撤位 23.25。有时候在交易时你比较幸运，本例中就是这样的，市场开盘跳空，超越第二获利目标位，出场单会在开盘价 25.15 附近成交。这次交易会获利 625 美元，最初的风险是 240 美元。图 6.5 展现了 AD 波段的各个回撤位和第一与第二获利出场位。

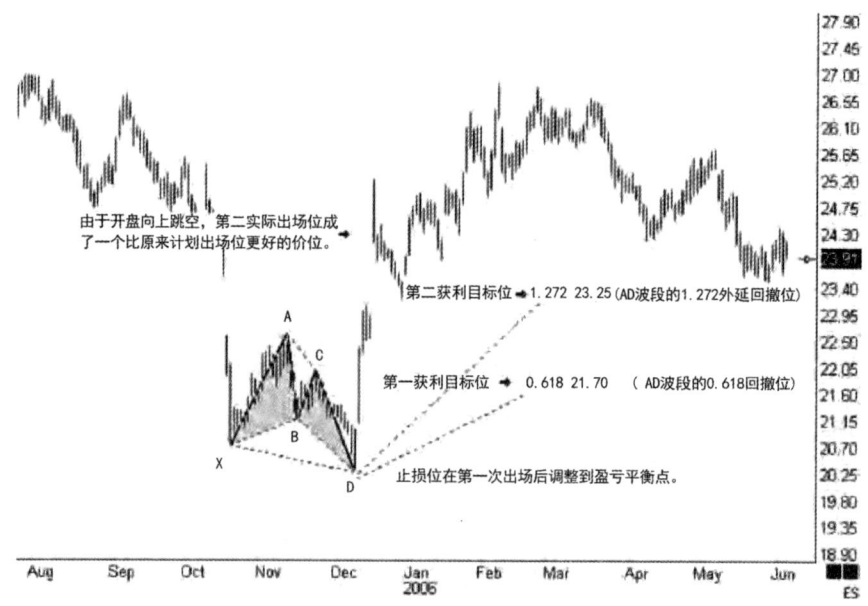

图 6.5　Pfizer（PFE）日线图：蝴蝶形态交易获利目标出场位采用 0.618 和 1.272 回撤位

第二种交易管理策略

蝴蝶形态交易可以有几种管理方式。交易者在交易这种形态上的知识和经验是决定采取哪种管理方式的因素。对于各种形态，交易者也可以制定他们自己的交易管理方式。

我们知道当蝴蝶形态形成后市场开始全力反转时，这种反转是非常剧烈的。正因为如此，在交易蝴蝶形态时，交易者或许想制定一个交易计划采用分三批出场的策略，而不是分两次出场。图6.6与图6.5是同一股票的日线图，我们加入了一个从前期波段高点开始的回撤线。第二种交易管理策略就是一种分三批出场的策略，我们把第一获利目标位设置在数值上等于最初预估亏损的价位，本例中预估亏损是1.20美元，入场价是20.30美元，这样，第一出场位就是21.50美元，出场后，把止损位调整到盈亏平衡点。这一点与分两批出场的交易管理方式一样。但是交易者确实需要决定他们的资金管理是否允许交易额外的三分之一股票。如果不允许，那么他们可以把准备交易的股票数量分成三批，或者采用两次出场的计划。

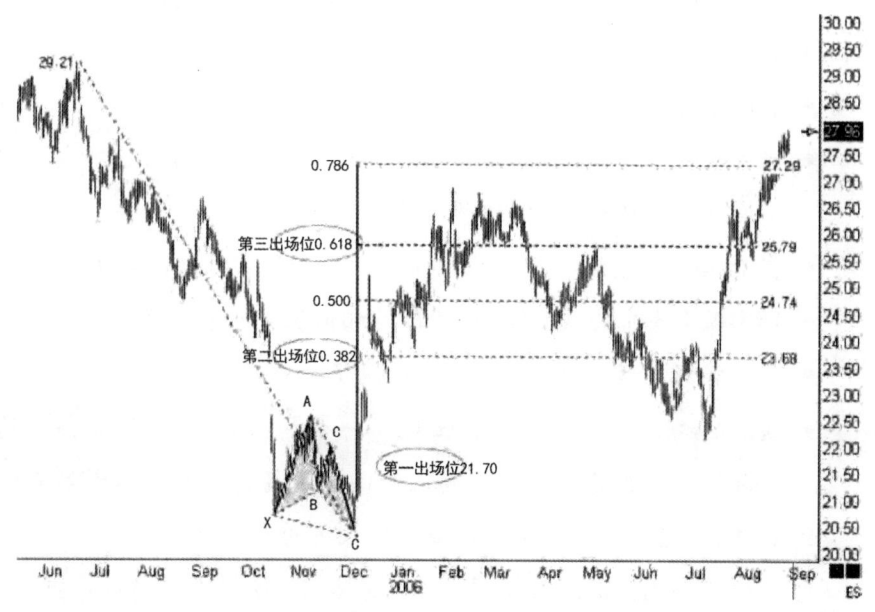

图6.6 pfizer（PFE）日线图：分三批出场的第二章交易管理策略

第二获利目标位采用大级别的回撤位，我们把它设置在 0.382 回撤位处。本例中这个位置大约在 23.65 美元，但是各位要记住在本次交易中市场跳空高开得比较多，这是市场送给交易者的额外礼物，这样第二次的实际出场位就是 25.25 美元。不管市场什么时候给你一个礼物——直接拿着它！

现在可以按照交易者的交易计划再次调整止损位，我们把第三个也是最后一个出场位设置在 0.618 回撤位（见图 6.6）。对于本次交易而言，你可以从图中看到，有很多别的交易管理方式同样可以应用。最好的方法就是，在你现有的交易水平上制定一个简单的计划，并坚持按计划交易。当你积累更多交易经验时，你可以调整你的交易管理策略。

2#交易机会：蝴蝶做空形态

市场：原油

合约手数：两手

这次交易提供了一次学习蝴蝶形态和各种日内问题解决办法的机会。仔细研究图 6.7，找出下面列出的所有特征：

- 有两个背靠背的蝴蝶形态。
- 1#蝴蝶形态回撤到 AD 波段的 0.382 回撤位，然后价格继续创出新高。记住 0.382 回撤位预示着趋势完好。
- 在 1#蝴蝶形态即将形成的时候，有一个向上的跳空缺口。
- 1#蝴蝶形态中的 AB 和 CD 波段的相似性是非常显著的。
- 2#蝴蝶形态形成时在 a 和 c 处出现了一个双底。
- 随着 2#蝴蝶形态的形成，出现了一个加特利"222"形态。这个加特利形态是一个回抽确认和回撤入场机会。请参考第五章加特利"222"形态和第八章回撤入场的有关内容。
- 在这两个蝴蝶形态形成时，各种媒体新闻大肆宣扬超级牛市。

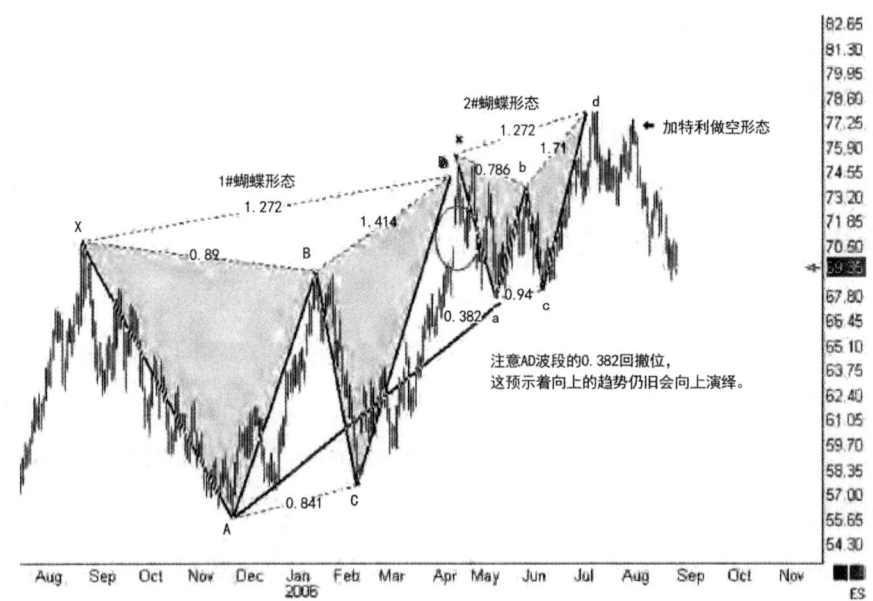

图 6.7 原油日线图出现了两个蝴蝶做空形态——可以从中学到很多东西

在第一个蝴蝶形态即将形成的时候有一个跳空缺口，这个形态的 AB 和 CD 波段有很强的相似性。第二个蝴蝶形态出现在波段高点。在高点出现之后，市场形成了一个加特利"222"形态。

1#蝴蝶形态的终点大约是 74.40 美元，入场位设置在 74.35；对于原油这样的市场，最初止损通常使用 1.00 到 1.50 美元，这对每手原油合约来说就是 1000 到 1500 美元。对于这个交易机会，会有下面列出的三种可能出现的情况。最终交易的结果是由止损空间的大小、交易者的管理决策和最初的交易计划共同决定的。

1. 交易者如果使用 1.00 美元的止损空间，会在波段高点 75.35 美元处止损出局，产生的亏损是 1000 美元。

2. 如果采用较宽的止损空间（1.5 美元），交易者第一手合约已经在72.85美元处获利出场，获利大小与最初止损空间相等，随后把止损调整到盈亏平衡点，结果另一半仓位（一手合约）被止损出局。这样整个蝴蝶形态交易的结果就是，在趋势依然保持以前上升趋势方向的情况下，仍然获利1500美元。

3. 如果交易者使用更宽的止损空间，并且有耐心保持最初的止损单不变，那么在出场位设置在0.382回撤位的情况下，这个交易每手合约将获利6000美元。

这个交易机会是展现不同交易管理策略产生截然不同结果的绝佳案例。最好的情况就是，有一份编制完好的交易计划，然后交易这个计划。这样，不管每次交易出现上述三种情况的哪一种，你都会有很多获利的机会。

不论第一个蝴蝶形态交易的结果如何，第二个蝴蝶形态再次提供了一个做空交易机会（见图6.8）。这个交易机会的入场点在77.50美元，最初止损位设置在78.5美元，这意味着每手合约有1000美元预估风险。

第一出场位在CD波段的0.382回撤位。记住，这是一个双底蝴蝶形态，因此在这种情况下，对于从AD波段还是CD波段做回撤都是一样的，这个回撤位大约在74.50。市场在这个时候，具有明显的征兆，它表明市场正处于一个潜在的反转点，与相对较小的风险相比，做空交易具有很大的盈利空间。在达到第一获利目标位后，我们把止损位调整到盈亏平衡点。把第二获利目标位设置在CD波段的0.618回撤位，这大约是72.05。如果这次交易分三批出场，交易者会随后调整止损，而第三手合约也会有一个更大的获利空间。

两手合约获利8.45美元，也就是8450美元，而最初的风险是1000美元。现在你明白了，对于交易者而言，只有坚持交易每一次蝴蝶形态，才能最终获利。我们没有办法提前知道哪一次会盈利。

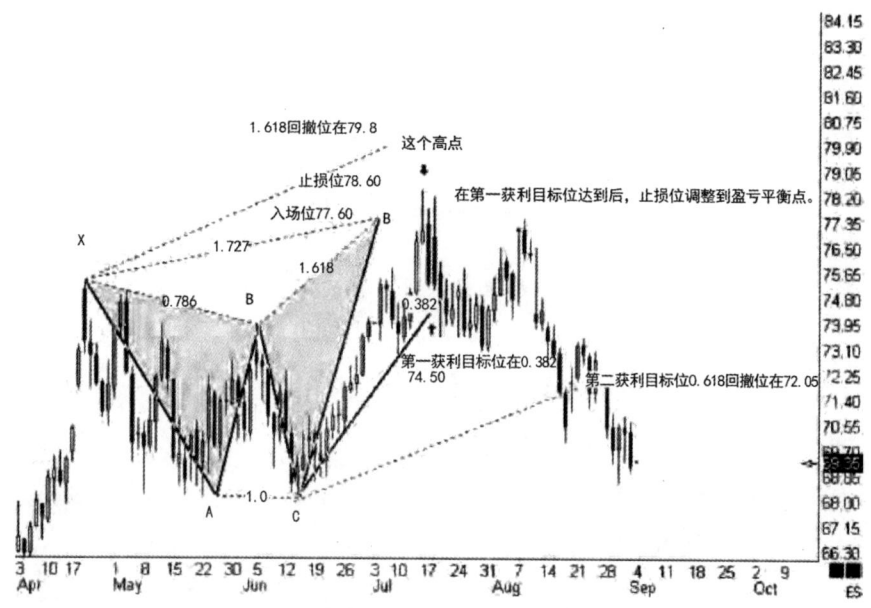

图6.8　原油日线图，2#蝴蝶做空形态

3#交易机会：失败的蝴蝶形态

市场：欧元期货

合约手数：两手

这次出现在欧元市场的交易机会是一个失败的蝴蝶形态。请仔细观察图6.9，注意AD波段内部形成的AB=CD形态。我们已经标出三个，但实际上一共有四个。如果把最后一个标出来，这张图就太乱了。这样你可以看到市场的形态是如何在结束之后又重新开始的。

入场价在1.2495，每手合约最初止损风险是500美元，止损位在1.2535，每点对应12.5美元。把止损设置在稍高于1.618回撤位的价位处对于这次交易而言意味着风险太大了。入场当天的蜡烛线是一根大阳线，这次交易在几分钟之内就被止损出局。当蝴蝶形态失败时，它们通常兵败如山倒，速度非常快，因为它们的失败预示着原来的趋势完好无损，市场能量仍旧在原来的方向上。如果在1.618回撤位处再次入场，将会导致再一次亏损。

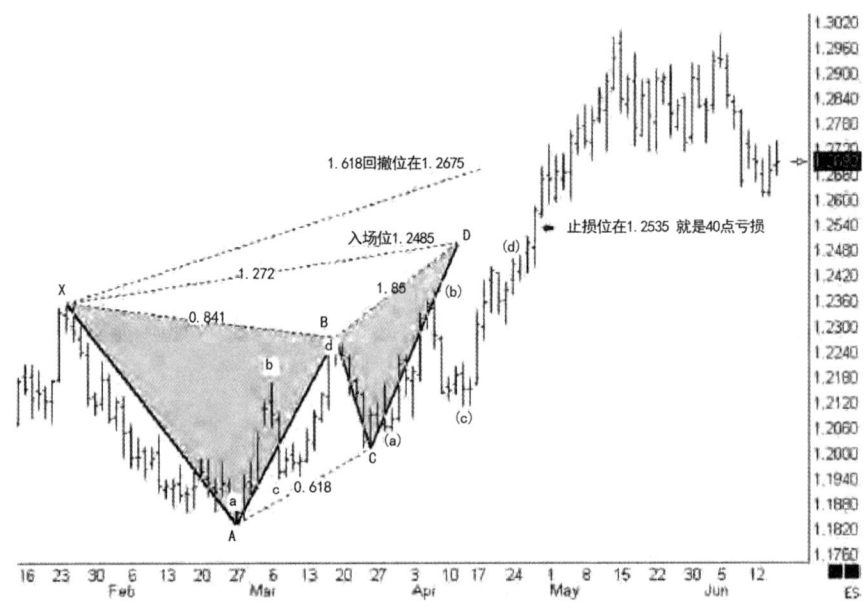

图6.9 欧元日线图：失败的蝴蝶形态

图中波段高点大约在1.3000，按亏损来算就是每手大约亏损6250美元。

我们积极主张对于所有形态交易都要使用保护性止损，特别是像蝴蝶形态一样强劲的形态。它是一把双刃剑，在获利和亏损方面都很强势。要学会保护你的本金，这样你才能回过头来，进行第二次交易。

第七章 三推浪形态

本书中讲述的各种形态有一个共同的特征，它就是对称。每一种形态在它的结构上都是对称的。在我们前面介绍的 AB = CD 形态、加特利"222"形态和蝴蝶形态中，我们都探讨了它们的对称性。三推浪形态也不例外。你将会在本章的学习过程中领略到，对称性是这个著名交易形态的核心。

三推浪形态的历史

在形态识别类书籍中很少有提到三推浪形态的。第一个提到类似这种形态的人很可能是乔治·科尔（George Cole）。虽然科尔确实在他1936年写的书《投机精要》中提到了这种形态，但是他没有准确地描述它。加特利在《股市利润》书中介绍"五浪三角形扩展形态"时，对这种形态进行了比其他人更深入的描述。威尔斯·威尔德（J. Welles Wilder）在 20 世纪 30 年代的交易界是一个比较有名的作家，把加特利的五浪三角形扩展形态改编成一个名叫反转波浪的交易系统，售价2500 美元。

直到 20 世纪 50 年代，一个来自加利福尼亚州圣巴巴拉市的一个股市投资者威廉·邓尼根（William Dunnigan），写了两个小册子，介绍两种交易系统，一个叫"邓尼根单行法"，另一个叫"邓尼根冲刺法"。

写作这两个小册子的时候正是美国股市逐渐成为全球最有声望的金融市场的时候；也是投资者在1929大崩溃很多年后正逐步恢复信心的时候。邓尼根确实把这种形态称为"三推浪"，很可能他是第一个把这种形态正式命名的人。

《期货真相杂志》（Future Truth）是一本致力于期货研究的杂志，这本杂志的总裁约翰·希尔（John Hill）在20世纪70年代向拉里提出了这个形态。尽管这种形态不像别的形态那么频繁地出现在各种时间结构中，但它确是一个挺好的交易形态。

三推浪形态描述

三推浪形态的结构是比较简单的，在各种时间结构中都比较容易识别。它包括上升趋势中三个均衡分布的波段高点，或者下跌趋势中三个均衡分布的波段低点。三推浪形态也包括一个AB=CD形态（见图7.1）。它通常情况下出现在顶部或底部，是反转出现前最后一次上攻或下冲。应当注意的是这种形态并不总是反转出现的信号，它可能是趋势中波段结束的信号，这就预示着调整即将开始而不是反转随后展开。如果紧随三推浪形态市场出现一个调整，那么它可能会形成一个AB=CD形态或回撤形态。

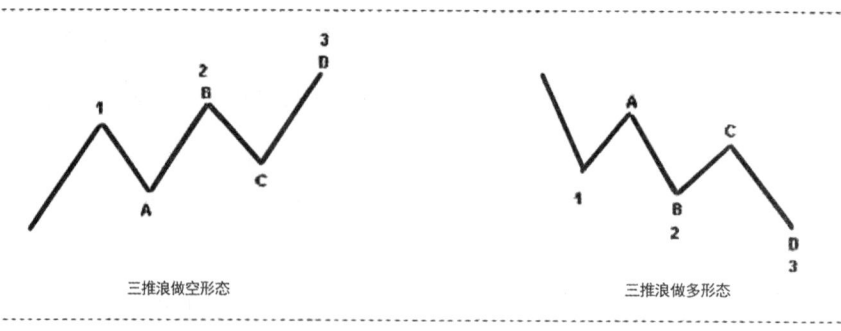

图7.1 三推浪形态

观察回调形态的反应是比较重要的。如果回调形态失败，那么交易者会怀疑趋势已经结束。在反转出现时，看到非常剧烈的上涨或下跌也是屡见不鲜的事情。请参考本章后面的案例，1#交易机会是三推浪形态之后出现回调的例子，2#交易机会是在这种形态后出现反转的案例。

三推浪形态结构

这种形态的三个推浪分别被标为1、2、3。每一推浪都比前一推浪稍高或稍低一些。三推浪持续推高形成顶部形态，持续压低形成底部形态（参见图7.1）。从推浪1的高点或低点到推浪2的高点或低点的距离应该符合向外延伸1.272或1.618的关系，对于推浪2的高点和低点与推浪3的关系也是一样的。需要谨记的是市场或许会有出入，有可能向上或向下多走一些。重要的是形态要对称。推浪3极点的位置有可能是推浪1极点到A点距离的1.272或1.618回撤位。请你参考图7.2。

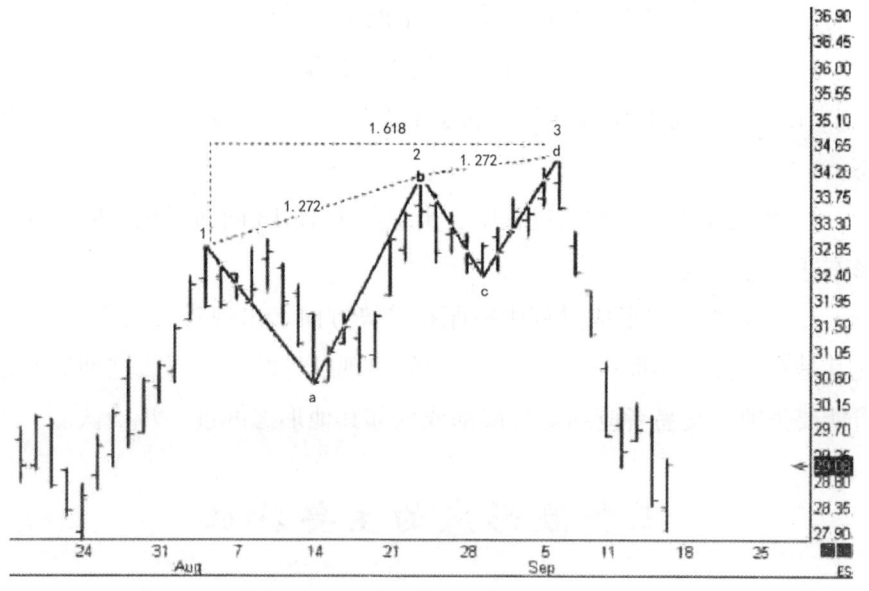

图7.2 Barrick金业公司（ABX）日线图出现三推浪形态。其中推

浪 1 顶点和推浪 2 顶点之间的距离以及推浪 2 和推浪 3 的顶点间距离符合 1.272 外延比率关系。推浪 3 顶点的位置在推浪 1 顶点到 A 点距离的 1.618 回撤位上。

这种形态的 A 点和 C 点是回撤点位，它们形成了一个 AB = CD 形态，应当符合斐波那契比率关系，理想情况下在 0.618 或 0.786 的位置。如果市场仅仅回撤到 0.382 的位置，那么这种回撤更有可能是市场将会继续走强的一个征兆。这些推浪看起来应该是比较醒目和对称的。如果交易者勉强把它当作一个三推浪形态，那它很可能不是这种形态。

从 A 点到推浪 2 极点的时间应该与 C 点到推浪 3 极点的时间具有时间上的对称性，这就是说，这两个过程包括的蜡烛线数量应该是一致的。

会导致三推浪形态失效的五种市场情况是：

1. 推浪 1 极高点或极低点高于或低于推浪 2 极高点或极低点（高于的情况出现在做空形态中，低于的情况出现在做多形态中）。

2. 推浪 2 极高点或极低点高于或低于推浪 3 极高点或极低点（高于的情况出现在做空形态中，低于的情况出现在做多形态中）。

3. C 点低于 A 点（对于做空形态）或者高于 A 点（对于做多形态）。B 点不能高于 D 点（对于做空形态）或者低于 D 点（对于做多形态）。

4. 在三推浪形态形成过程中，出现高于 1.618 的回撤比率时，这种形态通常会失败。

5. 如果在形态形成过程中在原有趋势方向上出现较大的跳空缺口，尤其是在推浪 3 的极点即将出现的时候出现这种缺口，那么这种形态很可能要失败。交易者应当等待底部或顶部其他形态的进一步确认。

三推浪形态的主要特征

三推浪形态在对称性上与蝴蝶形态是非常对称的。对于成功识别和交易这种形态，有三方面的对称性值得学习研究。

1. 价格对称性。A 点到推浪 2 极点的价差与 C 点到推浪 3 极点的价差应当一致。

2. 时间对称性。三推浪形态的上涨波段或下降波段包括的蜡烛线数量几乎一致。如果蜡烛线数量不一致，那么这些数量之间应当符合斐波那契比率。比如 AB 波段有 5 根蜡烛线，CD 波段有 8 根蜡烛线，5/8＝0.625。

3. 视觉对称性。这种形态一眼看上去应该有一种美感。对于非对称或勉强对称的三推浪形态，我们要用怀疑的眼光来看待它。勉强对称是指对于不太符合三推浪形态结构特点的市场形态，市场技术分析人员勉强把它当作三推浪形态。如果它看起来不对称，它可能就不是有效的形态。

三推浪形态市场心理

所有的形态都是在大众心理推动下形成的。研究什么样的心理促成了某种特定形态是非常有教育意义的。三推浪形态的形成心理与其他形态有一些不同，因为尽管有些双重底或双重顶形态包括两个顶部或底部，但大多数形态只有一个顶部或底部，可是三推浪形态它必须含有三个顶部或三个底部。

在市场顶部多方是最牛气的，在市场底部空方是最强大的。这是一个很自然的现象。在这个时候，通常有大量的新闻评论鼓吹冲天的牛市或抨击低迷的熊市。

三推浪形态包含的这几个连续的波段，使陷入其中的交易者经历了一个加长的过程；在形态中的高点或低点处新增多头或空头都入场太早了。当最后一个多头买在顶点，或最后一个空头卖在地板价时，这个三推浪形态就走完了它最后的波段。这时候通常是市场最牛气冲天或最人心惶惶的时候。这种形态的最后一个上涨或下跌波段是市场原有趋势的最后一次喘息，在它最终改变方向之前，市场把最后一个烫手山芋转给了最后一个参与者。

当市场随后改变方向时，每一个低于前期上升趋势近期低点的新低点都会套住更多做多的交易者；相反每一个高于前期下跌趋势近期高点的新高点都会套住更多做空的交易者。通常情况下，直到新趋势明显成立了，新闻媒体才会开始改变方向。

三推浪形态交易

在本章前面的内容中我们提到，三推浪形态在趋势中可能是反转点，也可能是调整的一部分。等市场调整过后，仍然会按原来的方向继续前进。

1#交易机会展现的三推浪形态就是趋势中的一次调整。2#交易机会就是一个反转。3#交易机会是一个失败的三推浪形态。注意观察3#交易机会的走势图，如果不把它标出来，交易者很难从图中把这个形态识别出来。

1#交易机会：三推浪做多形态

市场：QQQQ 日线图

股数：200

图 7.3 显示的三推浪形态终点在 1.618 回撤位处。这是由前面的推浪 1 和推浪 2 之间 1.618 的关系所决定的，推浪 2 和推浪 3 之间的关系对原来的 1.618 进行了重复。虽然波段内包含的蜡烛线数量并不一致，但是它们接近斐波那契比率，第一个向下的波段包括 6 根蜡烛线，第二个波段包括 10 根，6/10＝0.60。

这次交易的风险是非常小的，这是因为形态终点在 1.618 的位置。入场位设置在 62.25，止损位设置在 60.25，止损空间 2 美元，稍低于最近的低点。

无风险交易

第一获利出场位设置在 64.25，获利空间与最初止损空间相等。第一次出场后把止损位调整到稍低于最近波段低点的位置，即 60.40。之所以调整到那个位置，是因为如果市场价格突破那一点，这个形态可能要失效。

对于这次交易的止损位，我们要追踪跟进。但交易者需要谨记这是日线图，要给市场呼吸的空间，允许它上下来回波动，不要把止损跟的太近。本例中，市场价格确实到达第二获利目标位——0.618 回撤位。这个三推浪形态的最终市场走势只是一个调整，市场从 0.618 回撤位处开始下跌，并创出新低。虽然这个形态是一个下跌趋势的一个调整，不是一个反转，但这次交易却获得了非常好的利润，获利 1485 美元，风险非常低。

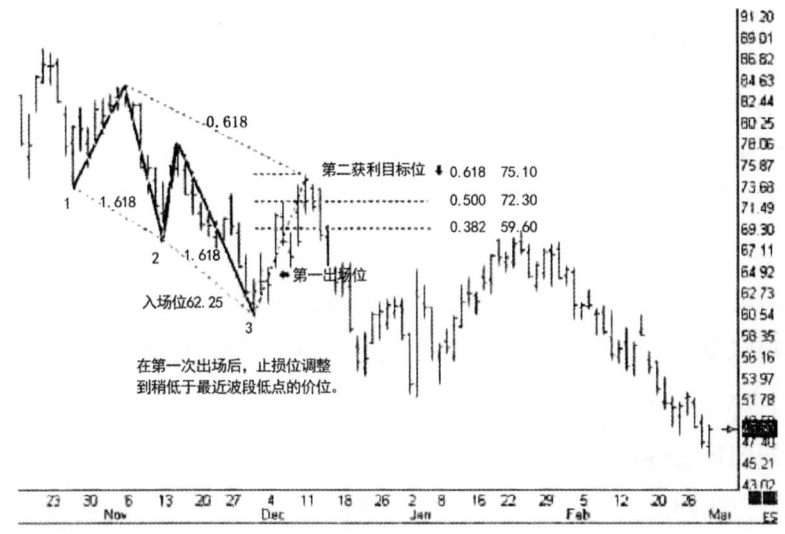

图 7.3　NASDAQ-100（QQQQ）日线图出现的三推浪形态是一个下跌趋势的调整，而不是反转

2#交易机会：三推浪做空形态

市场：S&P 500 E-mini 日线图

合约手数：三手

在这个交易案例中，我们采用以前使用过的分三批出场策略。对于任何一次交易，仓位大小是由交易者的交易计划和资金管理计划决定的。这个特定交易机会的特性是非常有利于使用三批出场策略的，原因如下：

1. 当扩展形态是反转形态时，通过使用外延比率出场位可以获得较大的利润（见图7.4）。

2. 有好几种形态出现在这个走势图中：两个蝴蝶做空形态，几个AB=CD形态和一个三推浪形态。交易者永远不可能知道市场是否会发生反转，但是有这么多形态和比率汇集到一个区域，冒这个险分三批出场是很值得的。你可以在图7.5中观察到多种形态都出现在这个股指期货市场中。

我们把这个做空形态的入场位设置在1.272回撤位。图7.4显示推浪2和推浪3都在1.272的位置形成。你可以看到市场在这些比率上自然形成的趋势线以及0.618回撤位所在的位置。这个回撤位是市场需要突破的重要支撑位，因为它形成了趋势线的下轨，这将会提醒交易者去获得更大的利润。

入场位在1330.50，止损位在1335.50，止损空间5个点。在这个交易中如果把止损位设置在稍高于1.618回撤位时，止损空间就太大了。对于我们设定的这个止损位，如果交易止损出局，那么交易者可以在1.618回撤位附近再次入场。

无风险交易

第一获利出场位在1325.50，这个盈利空间与最初5点止损空间相等（见图7.4）。这个交易是在日线图上，在入场后第三天市场到达第一出场位。日内交易者每天都会出入场，他们每天入场后会碰到三种情况：第一种就是市场到达第一出场位获利出场；第二种就是没有到达出场位，也没有到达止损位，收盘前出场；第三种是市场击穿止损位，亏损出局。

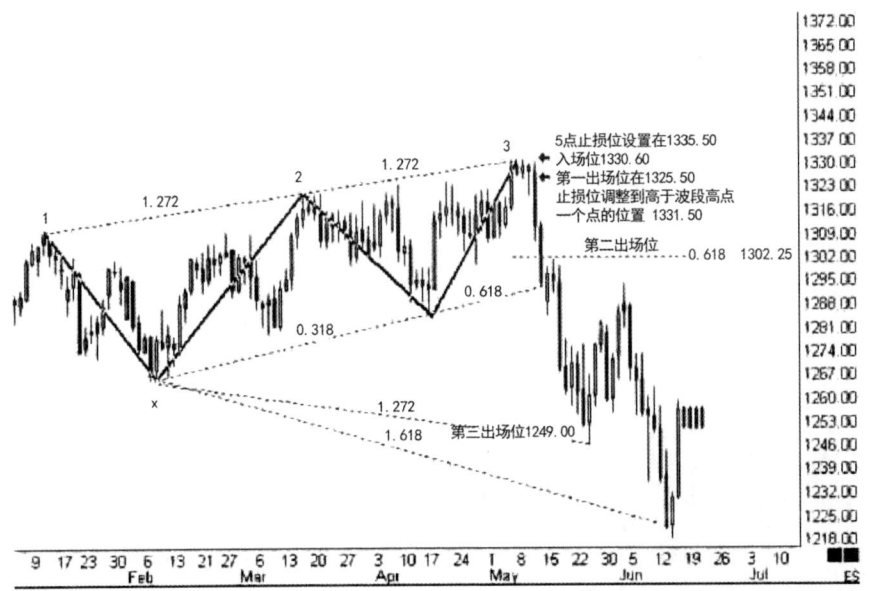

图 7.4 S&P E-mini 日线图：三推浪做空形态最终结果是一个市场反转点，通过采用分三批出场策略交易者可以获取更多利润。0.618 趋势线的突破提醒交易者可以把第三获利目标设置在 1.272 外延回撤位处

最初止损位在 1335.50，一旦市场到达第一出场位，就把止损位调整到高于波段高点一个点的位置——1331.50。第二获利目标位就是 0.618，回撤位在 1302.25。一旦这个目标位被达到，就可以调整止损以保护利润。图 7.4 显示在第二目标位处市场出现了一个大阴线。交易者在这个时候要去盯盘，观察市场下跌情况，以便于确定最有利的第三出场位。

碰巧在 0.618 回撤位处的趋势线，一旦被市场突破，交易者就可以把获利目标定在从 X 点到推浪 3 顶点距离的 1.272 回撤位处。这个获利出场位大约在 1248.25，为了确保限价单成交，交易者应当把获利空间稍微缩小一点。

日线图上这个交易将会获利 114.75 点。这当然是一个大获全胜的交易，在交易过程中，交易者需要有坚定持仓的耐心，让利润飞翔，直到市场到达获利目标，毕竟这个交易让交易者等待了 13 个交易日才到达第三盈利目标位。

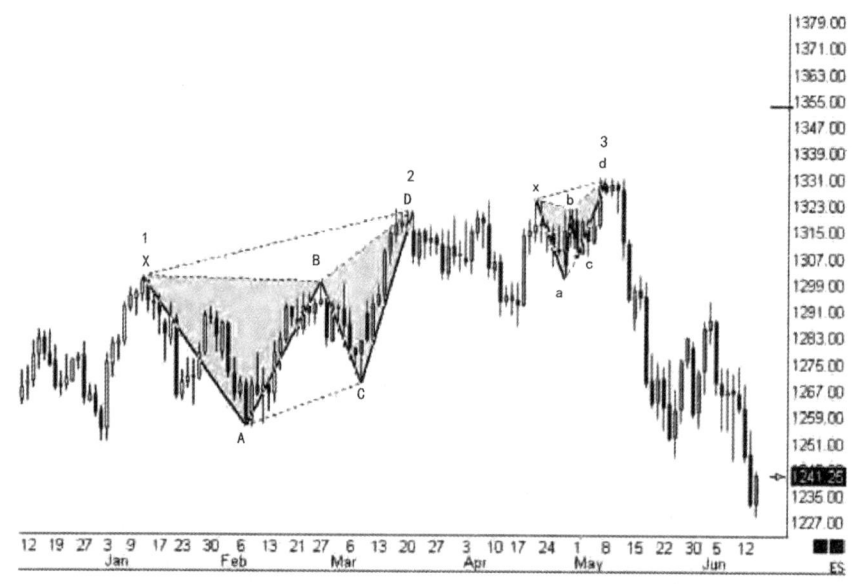

图 7.5　S&P E-mini 日线图：几种形态都在趋势顶部区域形成，包括两个蝴蝶形态，多个 AB=CD 形态，和一个三推浪做空形态

3#交易机会：失败的三推浪做空形态

市场：黄金期货

合约手数：两手

如图 7.6 所示，这个交易机会被止损出局，对于 5 美元的止损空间来说，每手亏损 500 美金，合计亏损 1000 美元。失败的形态总是比较难以识别，甚至于在事后当你研究这些形态时都是如此，因为它们被来回振荡的价格运动隐藏了起来。

图 7.7 是同一市场走势图，只是没有标注任何价格形态。你可以看到要找出三推浪形态是多么困难。在这个失败的三推浪形态交易入场后，每盎司黄金价格上涨幅度超过 125 美元——你必须一直坚守止损设置。

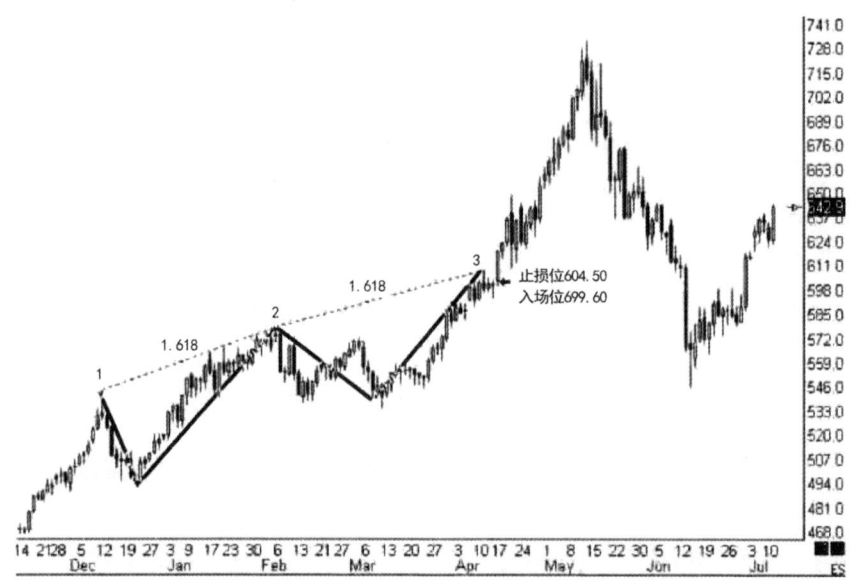

图 7.6 黄金期货日线图：失败的三推浪形态，我们再次重复一下：你必须一直坚守止损设置

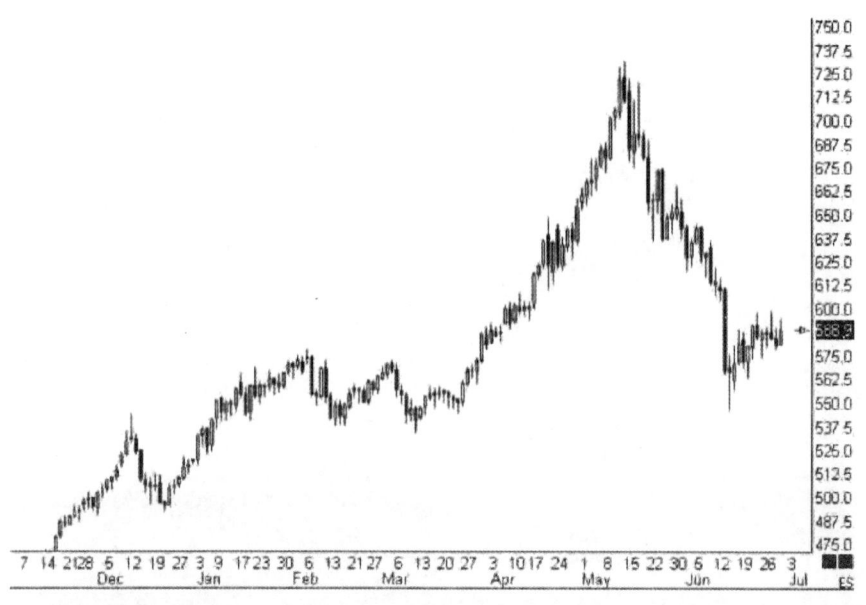

图 7.7 黄金期货日线图：图上没有画出失败的三推浪形态，当研究市场走势时，识别失败的形态总是比较困难的

第八章　回撤入场和多重时间结构

回撤入场有好几个用途。比如，如果错过了最初的入场位，你可以使用它们；你也可以使用它们再次顺趋势方向入场；另外你还可以使用它们进行加仓操作。

本章中我们讲述两种回撤入场形态类型：

1. 斐波那契回撤形态。
2. 开盘价回撤形态。

我们在第五章已经讲述过加特利"222"形态，请把它当作一个回撤入场交易机会再学习一下。趋势状态回撤入场将会在第十章关于S&P 500市场趋势识别的内容中讲述。回撤入场对于现代的技术分析师来说一点也不是什么新鲜事，学习它们会进一步提高交易者的技术分析水平。

在本章末尾，我们讲述如何使用各种时间结构，在交易者进行技术分析时，它是一个非常必要的工具。

斐波那契回撤入场

到目前为止，我们已经讲述了AB=CD形态、加特利"222"形态和三推浪形态。所有形态结构都符合斐波那契比率。我们在进行回撤入场时，同样也使用斐波那契比率。适用于回撤入场的斐波那契比率包括

0.382、0.50、0.618 和 0.786。这些斐波那契比率也可以用来设置获利目标出场位和止损位，你可以在本章后面的交易案例中看到这些比率的具体应用。

斐波那契回撤入场与加特利形态的一个主要区别就是前者不含 AB=CD 形态。图 8.1 是 0.618 回撤做多和做空形态的示意图。

斐波那契回撤形态结构

如图 8.1 所示，斐波那契回撤形态仅包括两个波段。我们把第一个波段标为 XA，第二个波段标为 AB。X 点是这种形态的起点，B 点是形态终点。X 点通常是最近波段的高点或低点，但加特利形态第一个波段通常是一个已经确立的趋势波段。图 8.2 中出现了两个回撤形态，右侧的形态中出现了一个大幅蜡烛线，它通常是一种警示信号。

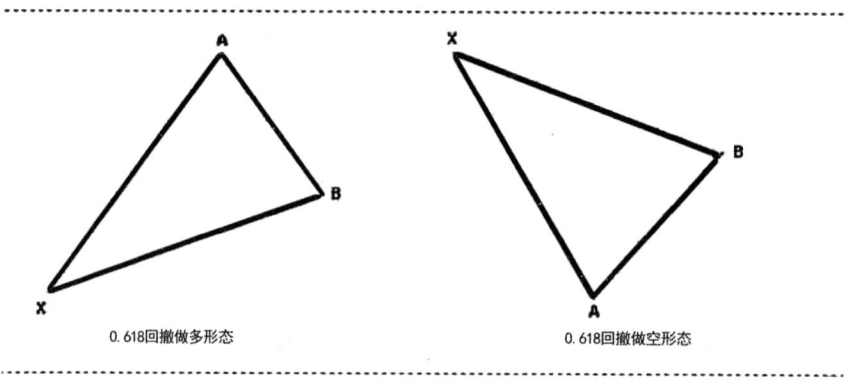

图 8.1 斐波那契回撤做多和做空形态，注意在斐波那契回撤形态中没有 AB=CD 形态

回撤形态让交易者避免了"抄底"和"逃顶"的风险，提供了一次顺趋势交易的入场机会。

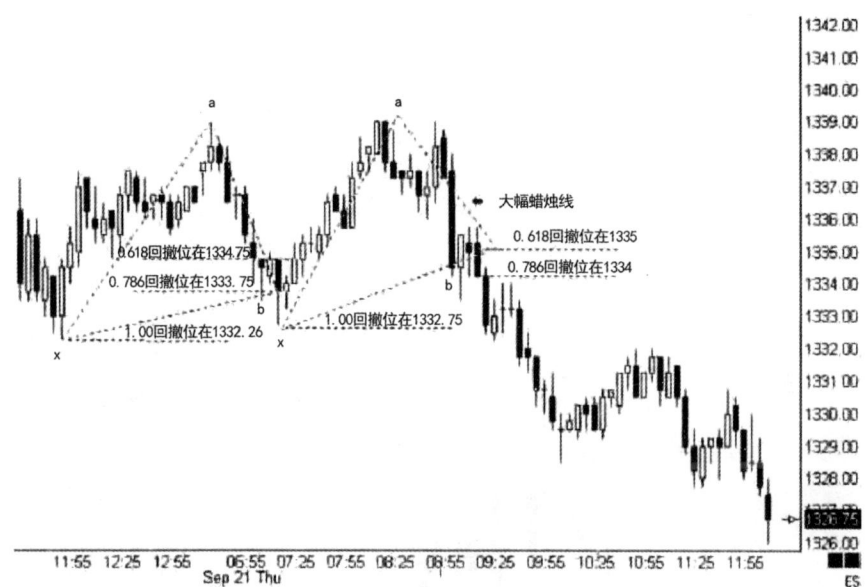

图 8.2 S&P E-mini 5 分钟图：右侧形态中的那根大幅蜡烛线是一个警示信号

作为分析斐波那契回撤形态（不含 AB=CD 形态的）的一个经验法则，组成这种形态的两个波段包括的蜡烛线数量可以用来分析判断这种形态。一般情况下，交易者要么观察到同样的数量，比如六根蜡烛线上涨，六根蜡烛线下跌（见图8.3），要么这两个波段的蜡烛线数量符合斐波那契比率。举例来说，如果第一个波段包括 8 根蜡烛线，那么交易者想看到的情况是第二个波段蜡烛线数量也是 8，或者是 8 的某个斐波那契比率值，比如 5。这样两个波段的形成时间将符合 0.382、0.618 或 0.786 比率。

当这些时间上出现的比率与价格比率同时出现时，这些数字关系就符合江恩所指的价格和时间四方图，这与几何三角形的相关描述基本上是一样的。不要过于纠缠具体的蜡烛线数量，有些非常好的形态细节也只是接近这些规则，但不是完全一点不差地符合（见图 8.4）。你要用蜡烛线数量作为一个参考原则，但不要把它当作一个绝对的标准。对于 XA 波段的蜡烛线数量远大于 AB 波段的情况，交易者要提高警惕，这可能预示着原来的市场情绪可能要发生比较大的变化，它迫使回撤形态尽快结束，交易者这时要小心等待市场出现别的形态或其它确认信号，然后才能进入交易。

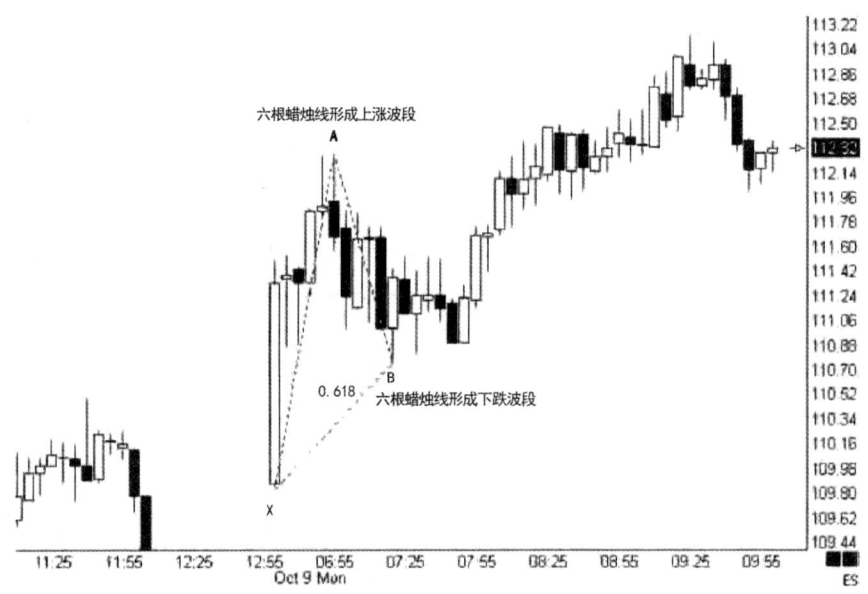

图 8.3 Research in Motion Limited（RIMM）5 分钟图：回撤形态在 0.618 回撤位形成，上涨波段包括 6 根蜡烛线，下跌波段也包括 6 根蜡烛线

这种形态的警示信号与我们以前在第四章到第七章讲述的情形一样。请读者回顾一下这些章节的相关内容，这些警示信号有的直接使形态失效，有的提醒交易者等待进一步的确认。在第十一章"警示和确认信号"的内容中，我们有更详细的介绍。

第八章 回撤入场和多重时间结构

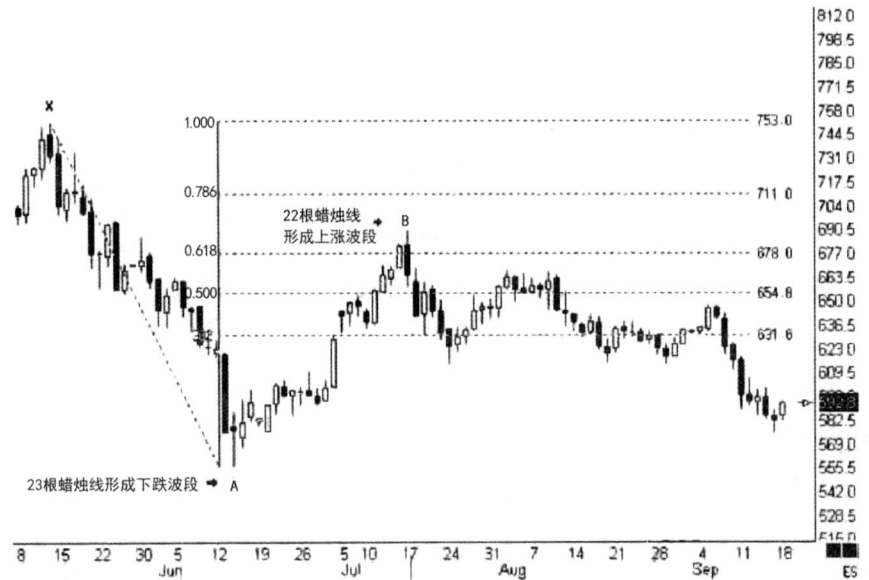

图 8.4 黄金期货日线图：斐波那契回撤形态两个波段包括的蜡烛线数量比较接近，但不是完全相等

斐波那契回撤形态交易

我们在下面举出三个应用斐波那契回撤入场的交易案例。第一个交易案例是一个斐波那契回撤做空形态的交易机会，第二个是做多形态交易机会，最后一个是一个失败的做空交易机会。

1#交易机会：回撤做空形态

市场：INTC

股数：200

在图 8.5 所示的交易中，市场在快要到达 0.618 回撤位的时候出现了一根大幅蜡烛线。这是提醒交易者要进一步等待市场价格到达 0.786 回撤位或别的表明市场动能减弱的确认信号。采用 0.786 作为这次交易的入场价位，交易者可能会获得一个非常好的盈亏比数据。在这个价位入场，保护性止损位设置在稍高于 X 点的位置——28.90 美元，对于 200 股仓位，这次交易的风险是 290 美元。

无风险交易

第一出场位对应的获利空间与最初止损空间 1.45 美元相等。市场在 4 天内到达第一出场位。止损位随后调整到盈亏平衡点。

市场以一个大幅向下跳空缺口的开盘方式突破 AB 波段的 0.618 回撤位。市场给交易者提供了一个在 1.00 回撤位处的预期出场位置，大约在 22.55 美元。市场中有一个古老的谚语："当市场送给你利润时——别客气。"

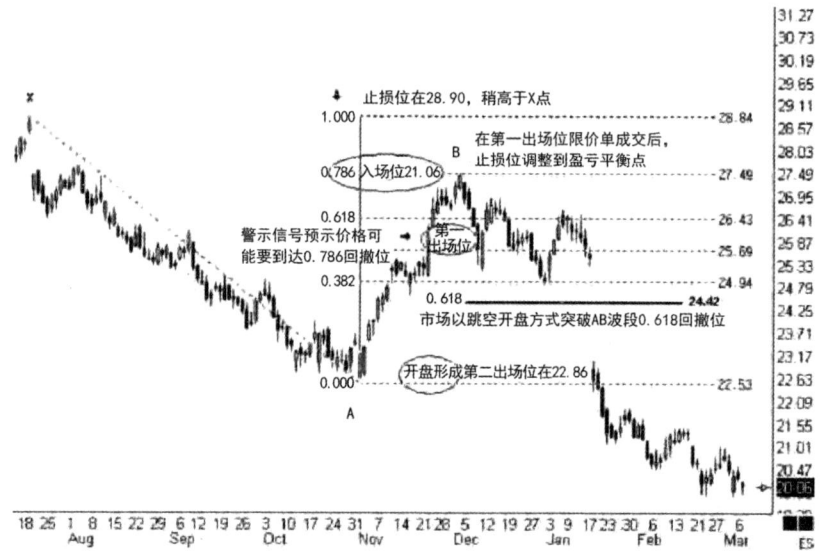

图 8.5 Intel Corporation（INTC）日线图：这个回撤做空形态是一个非常好的交易机会，市场以大幅向下跳空缺口的开盘方式帮助交易者确定第二个获利目标

第二种交易管理策略

我们在前面的交易案例中介绍了第二种交易管理建议。本例中，根据交易者的风险预测和市场经验，交易者为了不同的获利目标，可以进

行不同的止损调整。如果交易者对第二批交易仓位提前设置了价位在 0.618 回撤位的限价出场单，这个单子的成交价应该在以向下跳空方式开盘的开盘价的位置附近。

另一种适合这种市场条件的交易管理方式是，在这种大幅跳空开盘 20 到 30 分钟之后，把止损位调整到稍高于日内高点的位置。采用这种交易管理策略的好处是：如果股价在向下跳空开盘一段时间后又向上反弹，交易者仍然可以在第二批仓位出场时获取较大的利润，但如果股价随着向下跳空开盘进一步下跌，交易者将因此获得更大的利润。

2#交易机会：回撤做多形态

市场：QQQQ

股数：200

这几乎是一个完美无瑕的交易机会。要是它们都能像这样该有多好呀！这次交易的风险是非常低的，止损设置在稍低于 X 点的价位。入场位在 0.618 回撤位，就是 38.55 美元，止损位设置在 37.90，每股止损风险是 65 美分，对于这次交易的 200 股而言就是 130 美元。

如果你观察图 8.6，你会注意到当市场回撤结束开始向上涨时出现的大阳线。这将会帮助我们确定第二获利出场位。这也提醒交易者市场或许会顺着趋势上涨方向创出高于 A 点的新高。

无风险交易

第一出场位在 39.45 美元（这个价位稍低于 A 点，为了确保成交）。在市场到达这个价位后，止损位调整到盈亏平衡点。市场随后很快创出新高。我们现在处于无风险交易状态，可以放心地让市场上涨到第二获利目标位。本例中，因为回撤后出现的大阳线提醒我们市场比较强势，所以我们要用图 8.6 中出现的 AB=CD 形态的 D 点作为我们的第二出场位，就是 40.30 美元。这个特定形态确实是一个获利颇丰的交易。

图 8.6 NASDAQ-100（QQQQ）日线图：这个回撤做多形态是一次完美无瑕的回撤入场交易机会

第二种交易管理策略

交易者判断市场能量的知识和市场经验技巧会影响他们的交易的方式。在本例中，一个有经验的交易者或许会很早判断出市场向上的能量很足，在追踪调整止损时会获得较大的利润。随着交易者获得更多的经验，他们的交易技巧和能力将会逐步提高，他们将会识别出市场中适合持仓获利的特定情况和机会。

3#交易机会：失败的回撤做空形态

市场：S&P E-mini

合约手数：两手

如图 8.7 所示，这个回撤形态的入场机会在 0.618 回撤位，即 1355.50，止损位设置在 1358.25，它稍高于 X 点的价位，即每手预估亏损 2.75 点，即 137.50 美元。在入场后，市场开始向下运动，但没有到达第一获利目标位，仅到达 1354.50 的位置，随后开始上涨，最终把这次交易止损出局。在击穿止损位后，市场又转向下跌，回到接近最初入场价位的位置。交易者不可能估计到这一点，控制交易亏损的最佳方式就是使用止损单。止损出局是交易的组成部分。

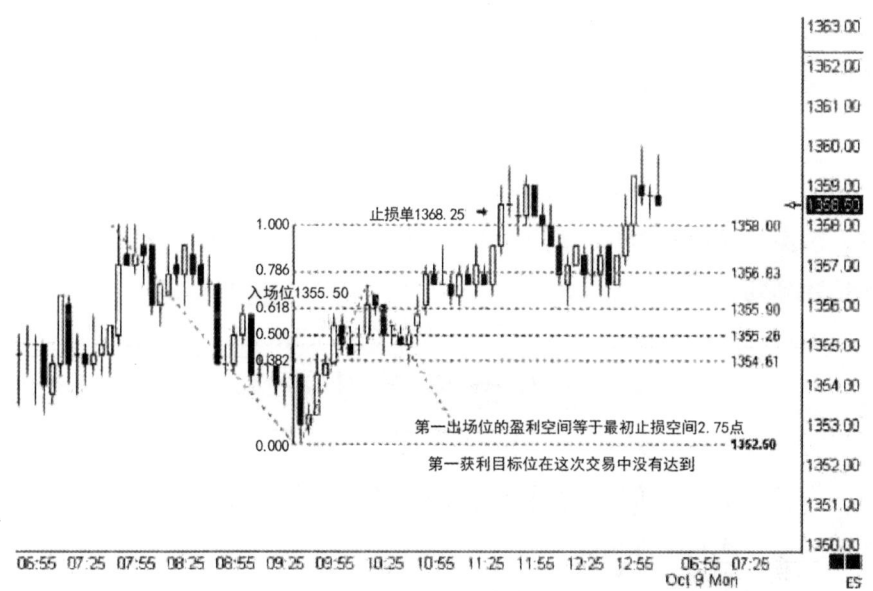

图 8.7　S&P E-mini 5 分钟图：失败的回撤做空形态交易机会

开盘价回撤交易理念

开盘价回撤形态交易可以用于日内股票交易，或者在使用大时间结构交易时，利用它进行开仓或加仓。我们仅在股市中使用这种开盘价交易机会，而不在别的市场中使用它们。理念是非常简单的，即按照拉里-派斯温托和佩吉-麦凯合著的《开盘价原理》的理论，在 60% 的交易日中开盘价比较接近日内高点或低点——就是说在日内波动范围的上方或下方的 20% 幅度内。

应用这种交易机会的最佳方式就是在一个给定的时间结构内，研究走势图，记录开盘价和相应的收盘价。开盘价好像一块磁铁，形成的原因目前还不十分清楚。一种理论说交易者和投资者从上次收盘开始已经有 16 到 18 个小时的时间去计划第二天的交易单，那些交易单通常被设置在第二天开盘价的附近。

当使用开盘价回撤交易机会时，重要的是只使用当天的开盘价，不要使用前一天的开盘价或收盘价，它们都是不相关的。对于日内交易者而言，这种方式是一种简单的概念，风险是比较容易量化的，这就像在我们前面的回撤交易机会中看到的一样。简言之，如果价格高于开盘价，做多交易盈利的几率高于 60%；相反，如果价格低于开盘价，做空交易胜算几率高于 60%。

开盘价回撤交易机会

为了应用开盘价回撤交易机会，交易者要在交易前寻找符合具体标准的股票。这些标准包括：

- 开盘后 30 到 60 分钟个股股价高于或低于开盘价。
- 0.618 或 0.786 回撤位要高于或低于开盘价。
- 不能出现反向警示信号（见第十一章）。
- 止损设置和风险水平应该是可以接受的。

举个利用开盘价回撤做多交易的例子，交易者首先要寻找到一只股票，在开盘后 30 到 60 分钟，交易价格要高于开盘价，入场位在从当前日内低点到当前高点的 0.618 或 0.786 回撤位。交易者必须能够设置一个可以接受的止损位（见图 8.8）。这种回撤入场位把这种交易放在了开盘后的方向上，交易获利的概率是比较大的。做空交易的情况刚好与这个相反，交易者要在从当前日内高点到当前低点的 0.618 或 0.786 的回撤位处入场，这种交易也是顺应开盘后价格方向的。

交易者可以使用 5、15、30 或者 60 分钟时间结构图——不论哪种时间结构，只要习惯就好。我们在这次交易案例中将会使用 5 分钟图。

第八章 回撤入场和多重时间结构

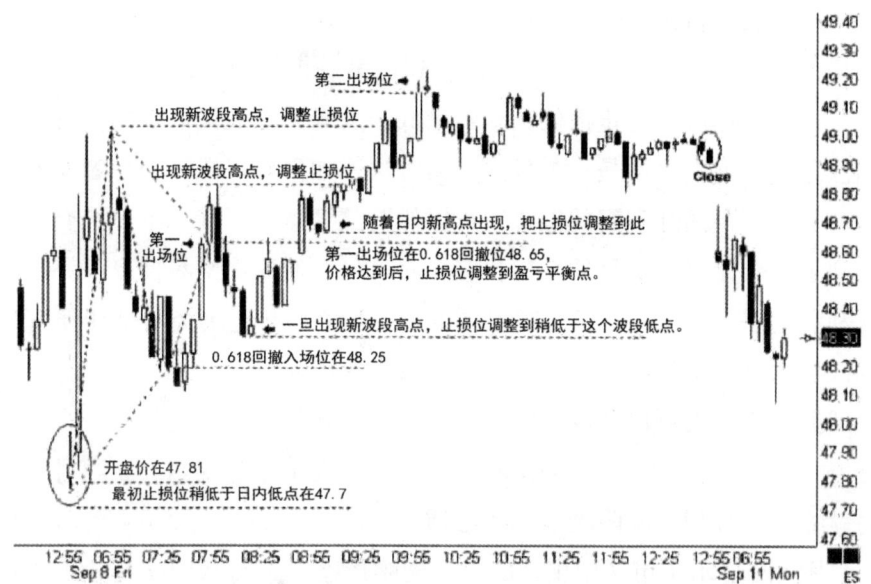

图 8.8 Centex Corporation（CTX）5 分钟图：开盘价回撤做多交易机会，注意开盘大阳线，这是一个理想的机会

开盘价回撤交易案例

1#交易机会：开盘价回撤做多机会

股票：CTX

股数：200

这个开盘价回撤做多机会的入场位在 0.618 回撤位，即 48.25 美元。止损位设置在稍低于日内低点的位置——47.70 美元，每股预估亏损 55 美分，合计 110 美元。图 8.8 展示了这次交易，你可以看到开盘后出现了一个大阳线。这是一个特别理想的交易机会，大阳线预示着市场具有做多的能量，回撤入场应当在 0.618 回撤位处提供支撑，交易的最初风险非常低。

无风险交易

第一获利目标位就是最近回撤波段的 0.618 回撤位。本例中,第一出场位在 48.65 美元,止损位在市场到达第一出场位后调整到盈亏平衡点。交易者也可以把止损位调整到稍低于入场回撤波段低点的位置。应当注意的是这次交易是一个日内交易方法,如果有可能,交易者就不想处在一个需要回吐利润的位置。止损位调整到盈亏平衡点不仅把交易者放到了一个无风险交易的交易状态,而且可以使这次交易拥有进一步获取利润的潜力。你可以仔细观察图 8.8,研究一下这次交易是如何管理的。当做日内交易时,重要的是一旦市场给出无风险交易的机会,就要立即抓住它,在可以获取利润的时候,就别客气。能够达到这一点的最佳方式就是制定一个详细的交易计划,养成在市场达到第一获利目标位时就立即把亏损风险降到最低的习惯。

图 8.9 显示了市场中出现的一个蝴蝶形态,这将帮助交易者确定第二获利目标位。如果交易者的风险和资金管理计划允许,分三批出场也是一种出场策略的选择方式。

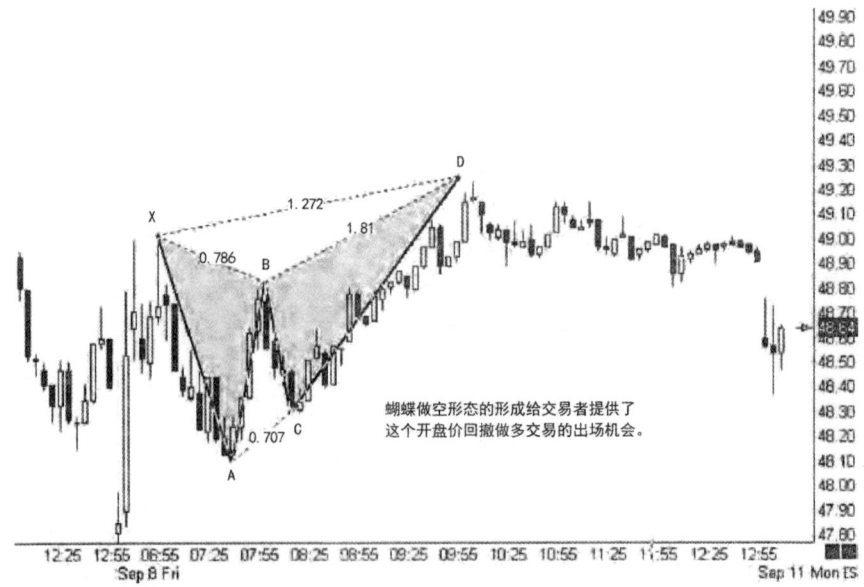

图 8.9　Centex Corporation(CTX)5 分钟图:蝴蝶做空形态的形成帮助交易者确定第二出场位

第二获利出场位在 1.27 回撤位处，它也是蝴蝶做空形态形成的终点位置，就在 49.20 美元。

2#交易机会：开盘价回撤做空交易机会

股票：GS

股数：200

我们选择这个案例是来说明交易管理的重要性，并向你展示不是每一个开盘价回撤交易都会是获大利的机会。这个案例也展现了另一种不同的出场管理方式。

就像我们第一个开盘价回撤交易中出现的大幅蜡烛线一样，在这个交易机会中，也出现了大幅蜡烛线。开盘后不久市场开始持续下跌，然后回撤形成 0.618 回撤位，提供了一个做空入场机会。这次交易的入场位在 148.90 美元。最初的止损位设置在稍高于日内高点的位置，即 149.75 美元，止损空间每股 85 美分，合计 170 美元。

如图 8.10 所示，交易入场后，价格向下回撤，到达 0.382 和 0.50 回撤位。对于日内交易者而言，在这两个位置的任何一个价位处出场一部分仓位，获取一部分利润，并把止损位调整到盈亏平衡点都是可行的。对于这个特定的案例，在剩余仓位被止损出局后，整个交易仍会获取一点利润。我们无法提前确定市场将从哪个回撤位转向，交易中的风险和获利目标是由交易者自己决定的。读者需要谨记的是日内交易者是为超短线利润而交易的，当有利润的时候，要及时获利了结。

本例中在 0.382 回撤位处出掉一部分仓位会获利 45 美分，否则将会被止损出局，产生亏损。

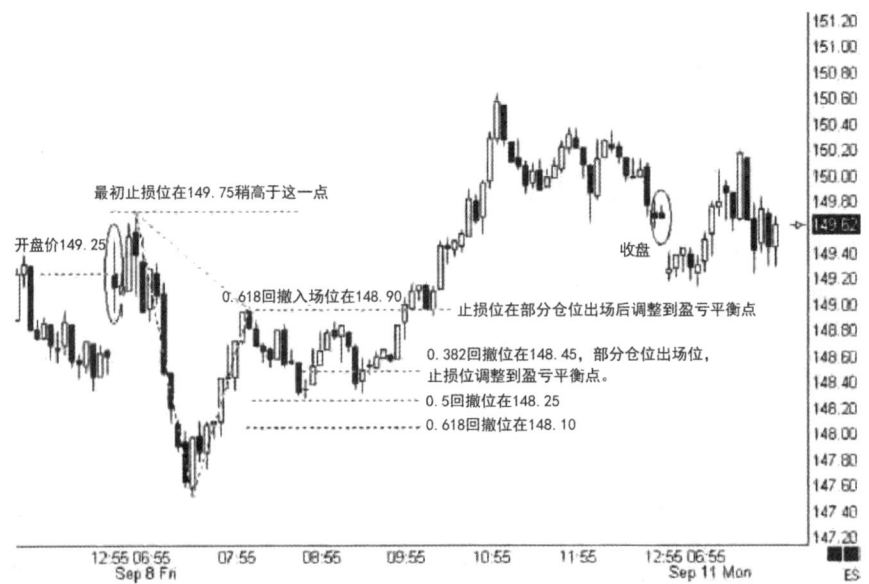

图 8.10　Goldman Sachs Group（GS）5 分钟图：开盘价回撤做空机会在止损出局前提供了一个获取小额利润的机会

3#交易机会：失败的开盘价回撤做空交易机会

股票：AA

股数：200

这个交易机会有一个带有向下跳空缺口的大阴线，预示着股价将进一步下跌。但是就像股票和其他市场经常出现的那样，最终的结果却完全不是一码事。这次交易的入场位在 27.35，就是 0.618 回撤位的价位，止损位在 27.60，每股预估亏损 25 美分，合计 50 美元。

如图 8.11 所示，这个交易最终被止损出局。在交易入场后，市场开始横向盘整，而不是向下回撤到某一个位置；如果交易者确定市场在一定的时间期间内没有按照预期方向运行，那他可以把止损位调整到更近的位置。交易者无法提前预料这种情况，因此最好是使用止损单控制亏损风险。这种交易结果的出现是交易不可避免的一部分。

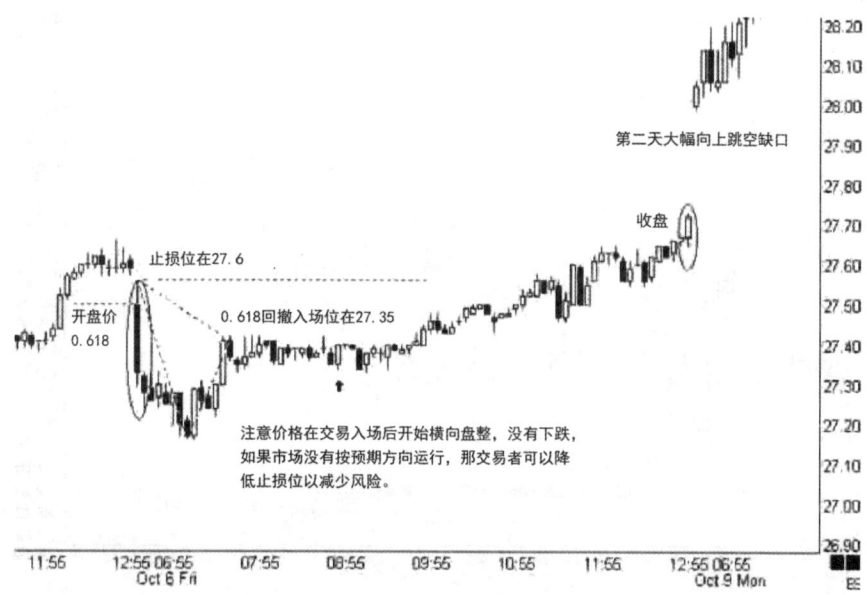

图8.11 alcoa（AA）5分钟图：失败的开盘价回撤做空交易机会

多重时间结构

在这一部分，我们探讨一下多重时间结构，并举例说明如何在具体交易中使用它们。交易者通过多重时间结构得到的信息是非常宝贵的，可以用来开仓交易，空仓等待，甚至帮助设置止损位。

应用多重时间结构进行分析的其他优点包括：

- 交易者可以看到大时间结构内部的变化情况，这可以反过来确认交易者最初的分析。这就像使用一个后备形态精确微调入场位。比如在60分钟图上形成一个形态，你可以使用5分钟图确认入场位（详见图8.12到图8.14）。

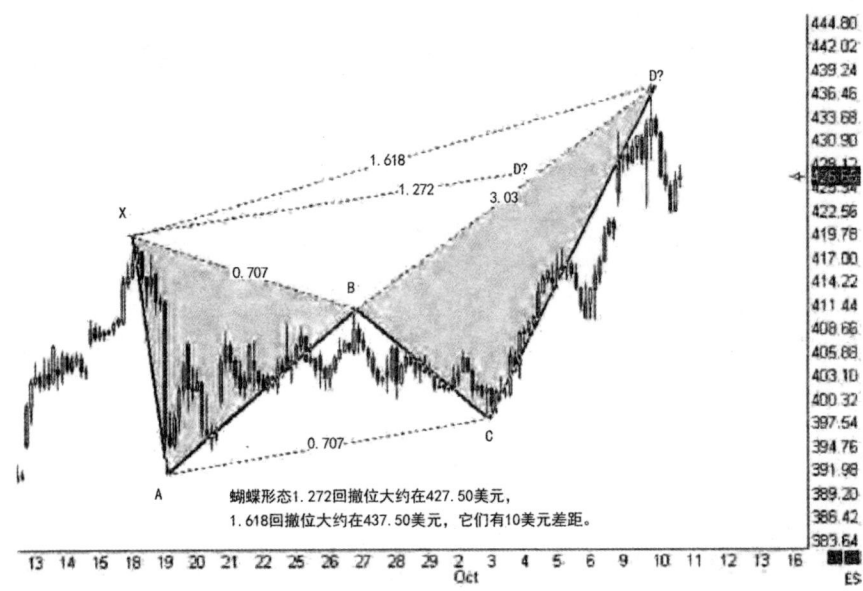

图 8.12 Google（GOOG）60 分钟图：蝴蝶做空形态已经形成

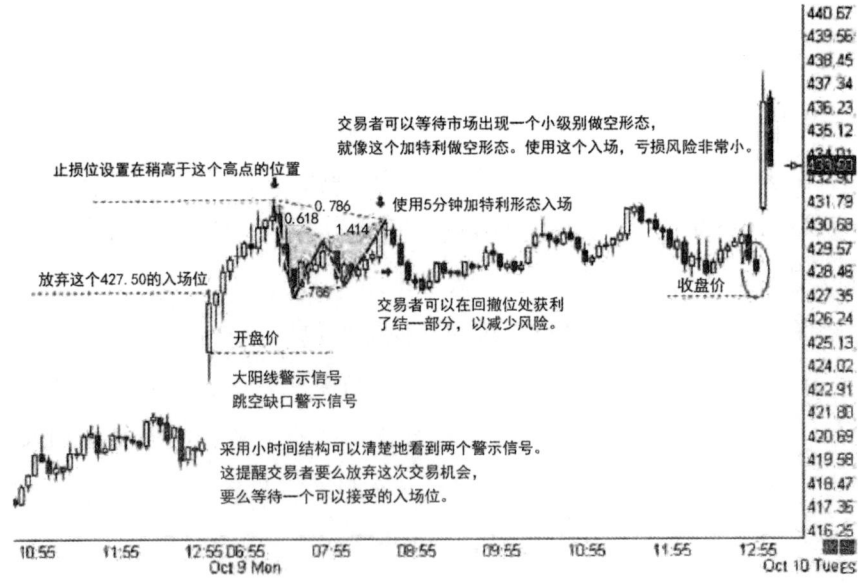

图 8.13 Google（GOOG）5 分钟图：60 分钟蝴蝶形态的 1.272 回撤位在 427.50

第八章 回撤入场和多重时间结构

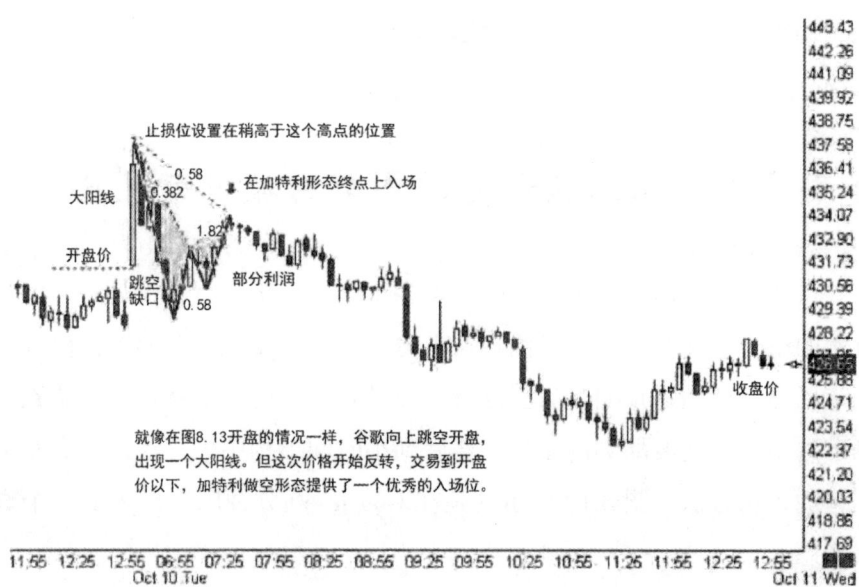

图 8.14 Google (GOOG) 5 分钟图：交易入场微观图，60 分钟蝴蝶形态 1.618 终点

- 通过多重时间结构，可以更有效地控制风险。对于大时间结构上出现的形态，交易者可以在小时间结构上调整止损。
- 从大到小使用多重时间结构可以帮助交易者发现小时间结构上形成的与大时间结构形态不一致的反向形态。

交易者要先看大时间结构，总览一下市场总体情况，然后进入到小时间结构观察。很多交易者使用多重时间结构的不同组合——周线和日线，日线和 60 分钟线，15 分钟线和 5 分钟线，等等。有些交易者使用所有的时间结构，从最大的开始，然后再逐级到最小时间结构上去。这都是个人的偏好和经验方面的事。

提醒一点：不要把这个过程反过来，就像在 5 分钟这样的小时间结构上入场交易，计划在这个小时间结构上出场，随后又转到日线上。如果交易者计划一次在小时间结构上的日内交易，产生亏损后，又观察大时间结构图，企图寻找反转信号，把日内交易变成长线交易，这是不行的。长线交易应当根据长线计划来入场，日内交易应该按照日内计划入场。

使用多重时间结构和斐波那契回撤进行风险管理

在斐波那契回撤交易机会中采用多重时间结构进行分析是一个比较自然的组合。交易者很多时候会在大时间结构上发现一个形态，而且看到市场已经开始在预期方向上运行，交易者当前的问题就是找个位置入场。选用一个斐波那契回撤位，然后到小时间结构中去寻找是一个非常不错的入场方法。图 8.12 展示的是在 Google 60 分钟图上形成的一个蝴蝶形态。

在 8.12 图上，蝴蝶形态的 1.272 回撤位没有形成它的终点，这个形态终点出现在 1.618 回撤位处。我们现在看看 5 分钟图上市场到达 1.272 回撤位即 427.50 美元价位处的情况。如果交易者使用一个小时间结构图看到了这种情况，他就会使用止损单来管理这个交易风险，并且会使用 5 分钟图在 1.618 回撤位处再次入场交易。请参考图 8.13 观察 1.272 回撤位的情况。

在这个 60 分钟形态的微观视图上，我们注意到的第一件事情就是有一个向上的跳空缺口和一根大阳线。这些都是警示信号，提醒交易者要么放弃这个交易机会，要么等待另一次入场机会。在这一天的 5 分钟图上市场出现了一个加特利做空形态交易机会。它提供了一个低风险的入场机会。使用这个 5 分钟形态，把止损设置在稍高于日内高点的位置，亏损风险大约是每股 2 美元。

在这个 5 分钟加特利形态向下回撤时，可以先了结一部分利润，如果持剩余仓位过夜，止损位可以保持在最初止损位上。第二天早晨，剩余仓位将会被止损出局，这个交易将会不亏不盈，或者出现很小的亏损。

如果交易者随后想在60分钟蝴蝶形态1.618回撤位处再次入场，5分钟图就可以被用来帮助交易者。图8.14是采用1.618回撤位入场的5分钟微观视图。

在交易中很多时候为了获得更大的利润，你不得不尝试几次入场。当按照这种方式重复入场交易时，掌握风险管理技巧显得尤为重要。在图8.14中，GOOG在开盘时向上跳空，出现一个大阳线。但随后价格开始反转，并跌穿了开盘价。一旦市场形成5分钟加特利做空形态和开盘价回撤做空形态，它就给出了一个低风险的入场机会。这次交易的亏损风险大约是每股3美元，止损位设置在稍高于日内高点的位置。

交易者随后可以在0.618回撤位处减仓获利，以减少交易风险，把自己放到一个无风险交易的位置。这个减仓位置的获利空间与最初止损空间大致相当。如果是日内交易，那么交易者就可以在收盘时获利出场。如果交易者根据60分钟图做较长线的交易，在设好止损单的情况下，就可以根据60分钟线上的回撤位确定一个较大的获利目标，并及时调整止损位，以便于保护利润。

多重时间结构中的多重形态

现在我们来看一个在同一价位区域的多重时间结构中出现多重形态的例子。请看图8.15，加特利"222"做空形态出现在日线图上。图8.16是同一市场的15分钟图，你可以看到在同一价位区域，这个小时间结构上也出现了一个做空形态。

日内图表加特利"222"形态中x点的高点为1.2891，15分钟完成点在较大时间框架内为1.2888。当遇到支持或阻力区域时，交易者可以利用这些信息进入市场进行交易，达到获利的目标。

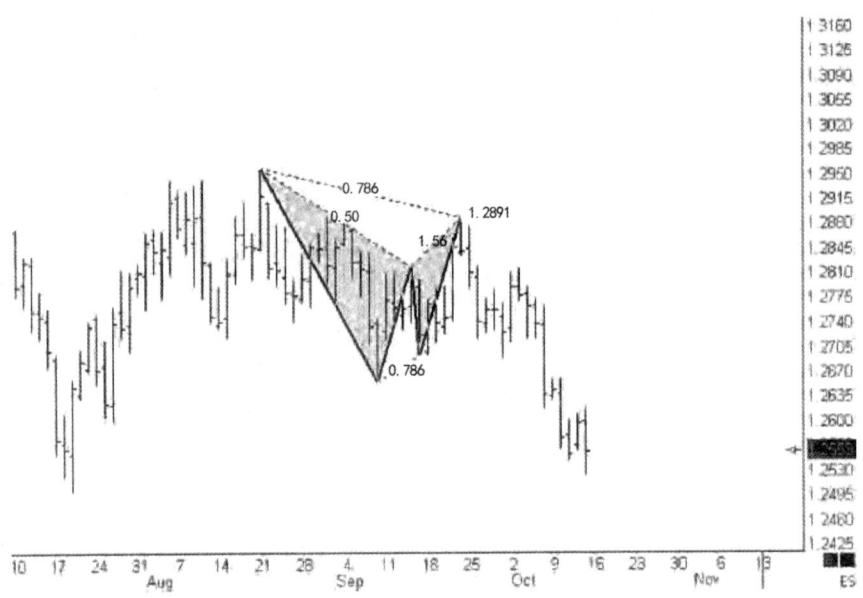

图 8.15 欧元日线图：市场出现加特利"222"做空形态

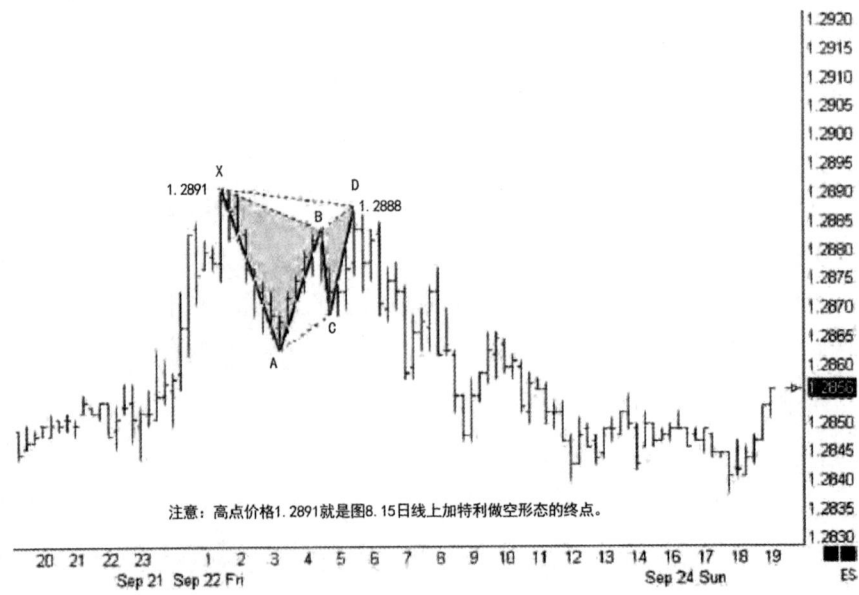

图 8.16 欧元 15 分钟图：在与日线加特利"222"形态仅差几个点的位置出现了一个小时间结构加特利"222"形态

多重时间结构上的反向形态

本章中最后一个案例向你展示了一个玉米的日线图（图8.17）和30分钟图（图8.18），我们用它们来提醒交易者注意反向的价格形态。

如图8.17所示，玉米日线图上出现了一个较大的蝴蝶形态和AB=CD形态，形态终点在D点。请注意图中画圆圈的区域。如果你仔细观察，你会看到在这个蝴蝶做多形态形成后，出现了一个加特利"222"做空形态，这个形态之后，很快又出现了一个加特利"222"做多形态。图8.18的30分钟线清晰地展示了这两个形态的细节。

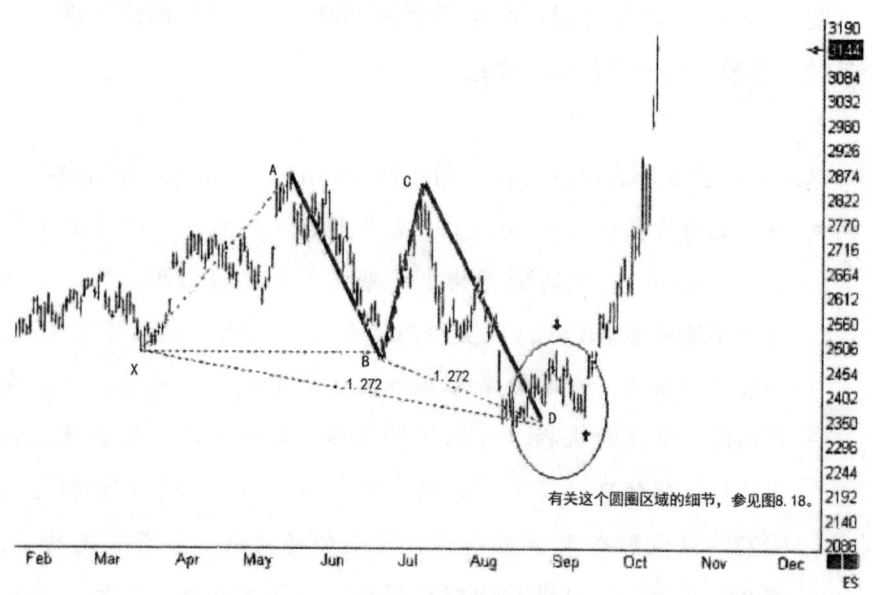

图8.17 玉米日线图：市场出现蝴蝶做多形态和AB=CD形态

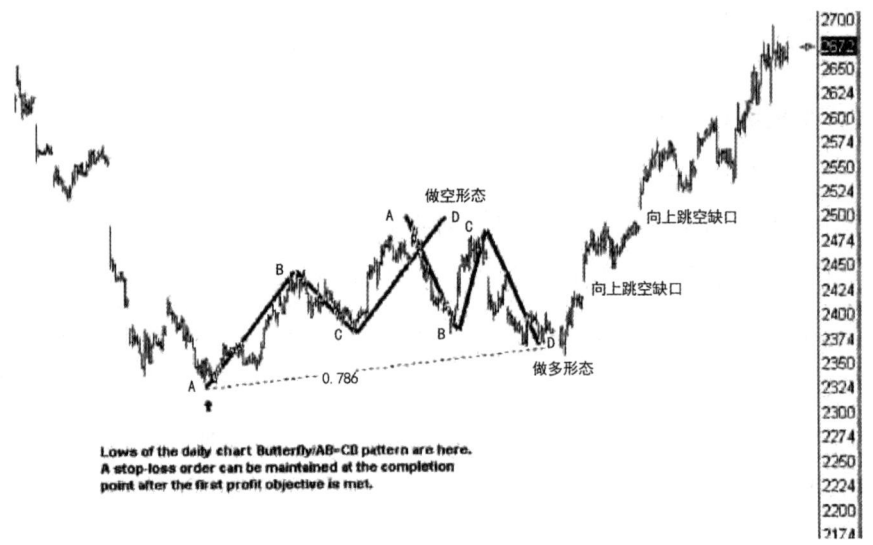

图8.18 玉米30分钟图：两个矛盾的加特利"222"形态出现，一个是做多形态，另一个是做空形态

这两个矛盾的形态提供的信息对不同类型的交易有好几种用途：

- 假定交易者在蝴蝶或AB=CD做多形态入场后，已经获利了结了一些利润，在大时间结构上正期待着更大的利润，那么他就可以通过观察AB=CD做空形态是否创出新低来管理交易风险，如果创出新低，蝴蝶做多形态将被认为是一个失败的形态。在蝴蝶形态终点的止损单可以保持在那个价位不动，交易被止损出局后，仍然可以获得一定的利润。一旦市场创出高于加特利"222"做空形态X点的价位，这个加特利做空形态就失败了，那么交易者就可以跟踪调整止损位，以保护利润。既然交易者是按照大时间结构日线来交易的，那就不要把止损位跟的太近，要给市场足够的呼吸空间，就像前面使用可以破坏形态的关键点位一样。
- 对于那些选择交易图8.18中加特利"222"做空形态的交易者，要注意的一个关键点是：在大时间结构日线蝴蝶形态至今保持完好的情况下，要把交易止损位调整到比较近的位置，及时获利出场，严格管理风险。

- 30分钟图上出现的加特利"222"做多形态给那些错过最初入场点的交易者提供了一个优秀的入场机会，止损位可以设置在蝴蝶形态的终点位置。
- 交易者也可以利用这个加特利"222"做多形态来加仓。所加仓位要符合交易者的交易计划和资金管理计划。这种交易也必须与交易者的知识和经验水平相适应。

另外请注意图8.18右侧的向上跳空缺口。这些信号充分显示了强烈的市场情绪，对于做多交易者而言，市场还可能会给更多的利润，持仓是个不错的选择。相反，它也在提醒做空的交易者，要收紧止损位或者退出交易。

我们已经讲述了多重时间结构的几种用途。交易者应当留心自己所交易股票或其他市场的大时间结构市场状态，学会使用多重时间结构提高交易水平。

第九章　古典技术分析形态

从技术分析出现开始,古典技术形态就一直在各种市场和时间结构中一次又一次地重复出现。有意思的是这些形态这么多年以来一直都不曾改变过。它们确实是大众心理的一种集中反映。本章中我们讲述三种古典技术分析形态,向你演示如何在这些形态中使用斐波那契比率。你会一次又一次地看到这些形态结构的形成点刚好符合斐波那契比率。在这些形态交易中考虑斐波那契比率将会进一步提高交易者把握入场时机和控制风险的能力。

我们主要讲述双重顶和双重底形态、头肩底和头肩顶形态以及拓展顶和拓展底形态。这三种形态最早公布在理查德·W.沙巴克(R.W. Schabacker)著的《股市理论和实践》(*Stock Market Theory and Practice*)一书中。我们不但要剖析它们的形成结构,而且更重要的是探讨如何交易这些形态,包括入场交易、止损设置和获利出场。有些最好的交易机会来自于失败的形态,当这三种形态失败时,情况更是如此。

技术分析历史简介

使用图表监控价格的技术分析历史至少可以追溯到300年前,首先记录它们的是日本人。他们把大米当作确定供应和需求的标准。在19世纪后期到20世纪早期,一场技术分析变革开始了,出现了很多著名的技术分析大师。像杰西·利弗莫尔、H.M.加特利、W.D.江恩、理查德·威科夫、理查德·W.沙巴克、拉尔夫·艾略特、查理斯·道恩（Charles Dow）、乔治·科尔，还有很多别的大师，就不在此一一列举了，他们毕生致力于研究技术分析这门艺术、科学和技巧。一个非常值得注意的地方就是他们的大部分工作是纯靠手工完成的。没有计算机去计算移动平均线，也不可能随时调出各种时间结构的走势图，更不可能加载各种指标和过滤筛选工具。这些先驱们一丝不苟地手工绘制他们的各种图表，仔细标注市场评论，并在市场中测试检验这些评论观点，最终它们被用作交易理论和策略。这些技术分析师都是非常著名的市场观察员，今天很多著名的交易者仍然每天坚持用手工做一些图表工作。过去曾经有些有偿服务提供大约 50 只精选个股的日线或周线，但与今天我们使用的实时数据相比，实在是差得太远了。

在整个美国经济大萧条时期，甚至第二次世界大战期间，市面上基本上找不到什么印刷的技术分析资料。远在《华尔街日报》创报以前，第一份财经报纸直到美国南北战争结束 10 年后才开始出现。随着通信技术的进步和发展，自动收报机，电报交换机和电话，进一步解放了金融信息的传递。有些人至今仍清晰地记得在 20 世纪 60 年代末期和 70 年代早期他们使用从芝加哥交易所和芝加哥商业交易所传来的自动收报机纸带的情形。

随着互联网和家用计算机的出现，与金融信息和技术分析软件相关的通信技术开始了大爆炸式的变革。现在不论你是交易新手，还是有经验的交易者都可以随时使用实时数据和加载各种指标与测试功能的行情软件。

曾经很多年技术分析被金融界看作是一种歪门邪说，在实际交易中没什么用处。后来出版的很多书籍，引用了很多对现代著名交易大师的采访从而有力地抨击了这些错误的贬责，像杰克·施瓦格（Jack Schwager）著的《市场鬼才》就引用了对著名交易大师马蒂·施瓦茨（Marty Schwartz）的采访，施瓦茨把技术分析视为他们交易策略的核心。在作者对施瓦茨的采访中，施瓦格问到了他从基本面分析师转变到技术分析师的情况。施瓦茨的回答清楚地表明直到在他转到技术分析后他才开始变得富有，而在此之前的九年内，他都一直在使用基本面。

就像我们前面提到的，就是在近些年学术界（通过他们自己的研究）才开始承认技术分析的有效性并肯定某些特定的形态可以使交易者获利。

技术分析的基础

所有的技术分析都从一张简单的蜡烛图开始。这张蜡烛图的 X 轴表示时间，Y 轴表示价格。价格蜡烛线代表了相应的时间内买卖双方的对决。一根蜡烛线传递了很多的信息：

- 蜡烛线最高价；
- 蜡烛线最低价；
- 蜡烛线开盘价；
- 蜡烛线收盘价；
- 蜡烛线的时间结构。

价差信息也包括在蜡烛线的构造之中。蜡烛线形成的原因无关紧要，重要的是重复出现的蜡烛线组合形态。技术分析型交易者要掌握各种形态分析，并在这些形态提供交易机会时正确执行相应的交易操作。

双重底和双重顶形态

理查德·W.沙巴克评论说双重底是一种重要的市场走势构造。这种形态可以在比较重要的熊市底部找到，是吸筹阶段的一种反转形态。双重顶形态刚好与之相反，是派货阶段的一种反转形态，它可以在比较重要的顶部找到。这种形态也可以在已经形成的长期趋势中形成中级调整形态。

双重顶和双重底形态很多时候会出现在各种时间结构的价格图中。它们有时候被称为 W 底或 M 顶，是因为它们的外形比较像这两个英文字母。它们或许是技术分析新手知道的最常见的形态。作为反转形态，它们是非常强势的。如果这种形态在市场指数图上出现，那么同样的形态就可能出现在很多组成指数的股票上。

双重底形态案例

如果你花点时间看一下图 9.1 中道琼斯指数上出现的双重底形态，你就会看到标着箭头的大阴线。通常情况下，它们表示价格会进一步下跌，但是在第二个大阴线向下探测时，低点不再下跌，市场开始向上反转，出现了大阳线，这是一个确凿的能量转换信号。由于这种能量转换信号的存在，企图做空的交易者在市场到达 0.618 回撤位时要么站在一边等待进一步的确认（即使做空也要采用非常贴近的止损位），要么寻找做多入场机会，这种机会或许能在小时间结构上找到。

市场的工作就是要愚弄尽可能多的参与者，它在本例中的所做所为就是一个很好的证明。这个形态就是在道琼斯平均工业指数到达突破 12000 点的历史最高点前的走势。当市场愚弄很多参与者的时候，它会乘交易者和投资者毫无防备之机，套住那些做空的人。他们相信市场会在大阴线的压力下持续走低，因而迫使他们自己继续持仓，痛苦地看着亏损一步步扩大。这给这种形态提供了更多上涨的能量。

请注意图 9.1 中在第一个底形成后的蜡烛线数量。向上回撤走势包括大约三根蜡烛线，随后双重底的第二条"腿"也差不多是由三根蜡烛线组成的。当时间上比较一致的时候，双重底形态通常是尤为重要的。就像本例的这种情况。这种理念是由江恩在 20 世纪 20 年代第一次提出的，他把它称为等时现象。这是对称的另一种描述方式。

第九章 古典技术分析形态

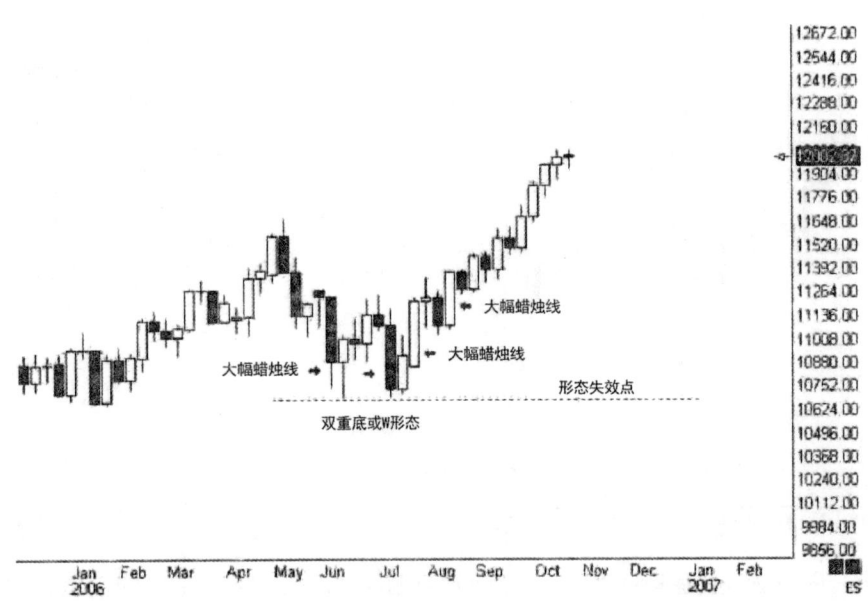

图 9.1 道琼斯平均工业指数在达到突破 12000 点的历史高点前出现双重底形态

寻找趋势线索

图 9.2 是道琼斯平均工业指数日线图，你可以更清楚地看清双重底的细节。我们看看是否可以在这张图上找一些用来确定早期趋势反转的信号。这个双重底的第二个低点在反转前稍稍突破了第一个低点位置一点点。第二个低点形成后，市场出现了大幅拉升的阳线。我们已经用箭头把它们标出来了。随后出现的第一个向下回撤形态也仅仅回撤到 0.382 的位置。这种回撤与前面出现的大阳线都是趋势的征兆。我们会在第十章通过对 S&P 500 市场的趋势识别来讲述识别趋势的各种方法。

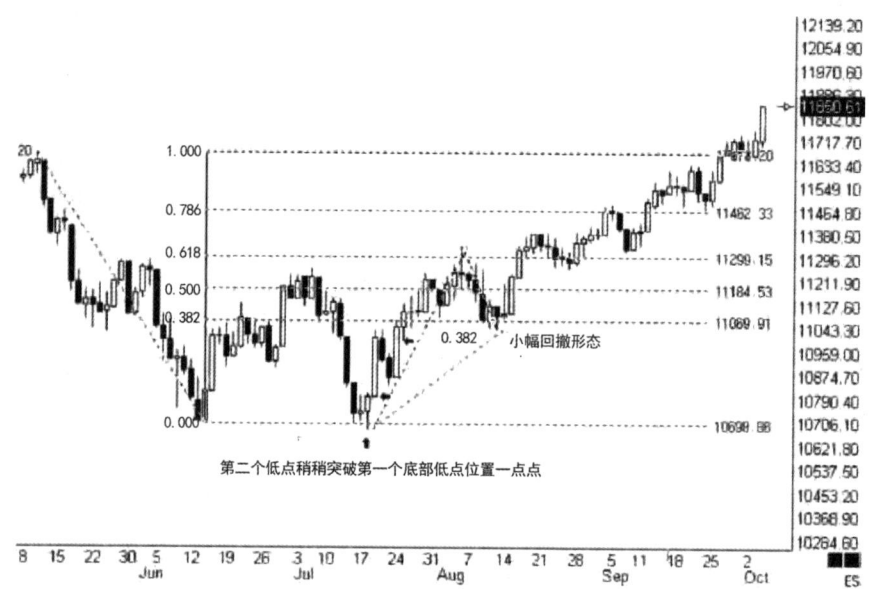

图 9.2 道琼斯平均工业指数日线图：双重底形态在反转前第二次探底时勉强突破第一次低点位置一点点

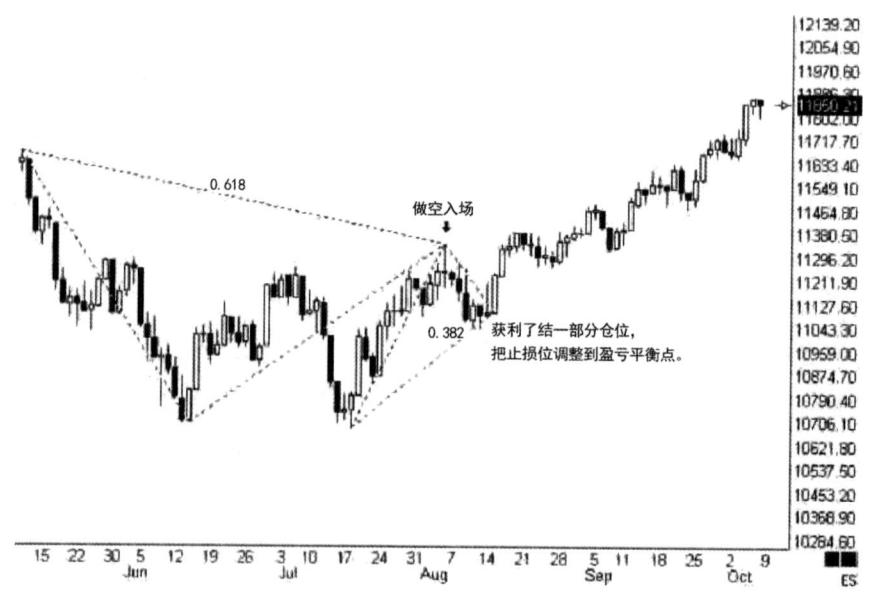

图 9.3 道琼斯平均工业指数日线图：双重底形态的反趋势交易的风险管理和利润锁定

在趋势环境下管理反趋势交易

交易者有时候会发现他们正处于反趋势交易中。当你认识到这一点或怀疑市场趋势正在与自己背道而驰的时候,交易者必须使用严格的交易管理措施去控制交易风险,保护利润。在图9.3中我们可以看到市场确实从0.618回撤位处开始下跌,而且下跌空间足以给交易者提供利润。当市场到达0.382回撤位时,应当获取一部分利润,把止损位调整到盈亏平衡点。这符合两个重要的交易原则:

1. 锁定利润——一直要记住你正在为盈利而交易,不是为了证明你的判断而交易。

2. 获取一部分利润后把止损位调整到盈亏平衡点,减少交易风险,保护利润和本金。

这种交易管理方式适用于反转形态出现后交易者的反趋势交易。

图9.4展示的是一个使用斐波那契比率调整止损位的案例。假定的理念是如果价格超过0.786回撤位,它就会超越1.00或者到达一个外延回撤位,比如像1.272或1.618。

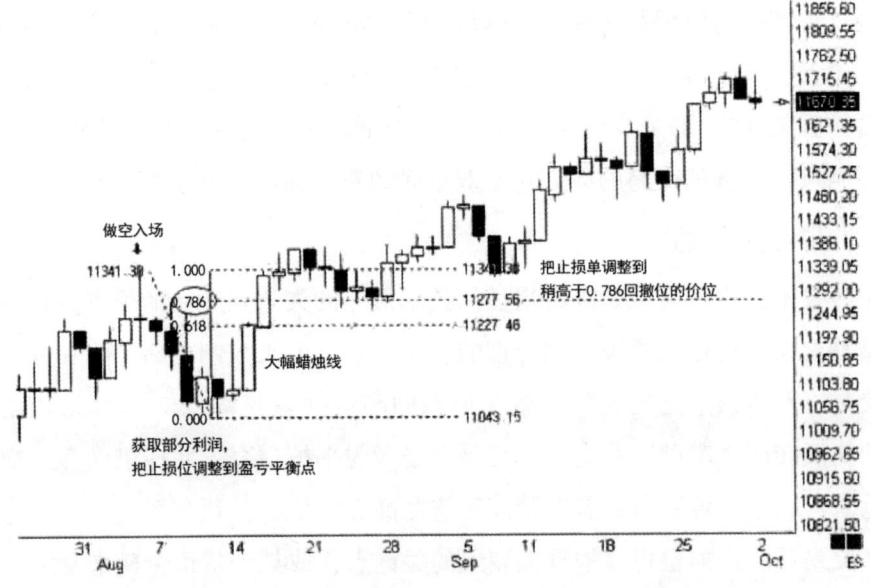

图9.4 道琼斯日线图双重底形态:在对反趋势交易进行管理的过

程中，使用斐波那契比率调整止损位保护利润。止损位可以调整到稍高于 0.786 回撤位的位置。假设是，如果价格突破 0.786 回撤位，它会上升到更高的位置。

双重顶形态案例

图 9.5 展示的是原油市场上一个双重顶形态的交易案例，这个形态出现后市场出现了大幅下跌。第二个顶点没有确切地到达第一个顶点的价位，但它们只有几分钱的差别。一旦市场从第二个顶点开始掉头下跌，它就开始了急剧的下跌走势，市场中出现了向下的跳空缺口和大阴线。识别出这种警示信号的交易者要寻找机会进行顺势交易。可以用小时间结构图来寻找入场位。

形态识别

双重底和双重顶形态应该是比较容易看出来的，一眼看上去也比较美观。这些形态的关键就在于它们第二条"腿"的构造。第二个顶点或底部低点向外稍微超越第一个顶点或底部低点的情况也屡见不鲜。造成这种情况的原因是止损位通常设置在这些位置或者稍微超越它们一点的位置，就在市场开始反转时，这些止损单恰好被止损出局。请你回头看一看图 9.2，那个双重底形态的第二个低点就比第一个低点稍低一点。控制风险和管理交易的原则对于双重底和双重顶形态来说都是适用的。

形态失效点

技术分析者应该始终警惕任何技术形态的失效点所在的位置。这将帮助交易者把止损单设置在合理的价位，并以此来控制交易风险和管理交易。双重顶形态的失效点就在形态的高点（参见图 9.5）。如果价格再次反转向上突破这些高点，交易者要考虑平掉空仓，并择机做多。交易者可以把入场买单设置在稍高于这些高点的价位，让市场自动触发这些交易单。止损位可以根据图表上的关键点，或某个货币金额来设定。

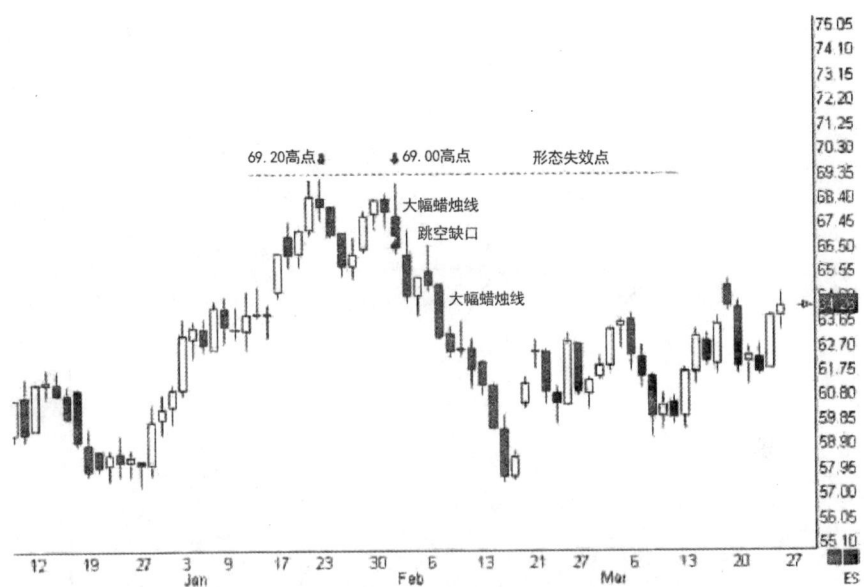

图 9.5 原油日线图：双重顶形态，两个高点的高差在 20 美分之内

对于双重底形态来说，失效点就是这些低点，如果市场再次反转击穿双重底的低点，这个形态就失败了。交易者可以使用入场卖单来开空仓，然后根据图表上的关键点位或某个货币金额设置止损单（见图 9.1 标出的失效点）。

头肩形态

头肩形态的结构要比双重底和双重顶形态复杂一些。它包括更多的波段，有时候直到这种形态快要形成时才能确定。

我们前面讲过的 AB = CD 形态、加特利"222"形态、蝴蝶形态、三推浪形态和其他形态都有可能出现在头肩形态中。理查德·W.沙巴克曾经指出这种形态是七种主要形态之一，它们都是比较常见的"吸筹"或"派货"反转形态。

之所以把这种形态命名为头肩形态是因为它的结构形状比较像人的两个肩膀和一个头部。图 9.6 就是一个头肩形态示意图。

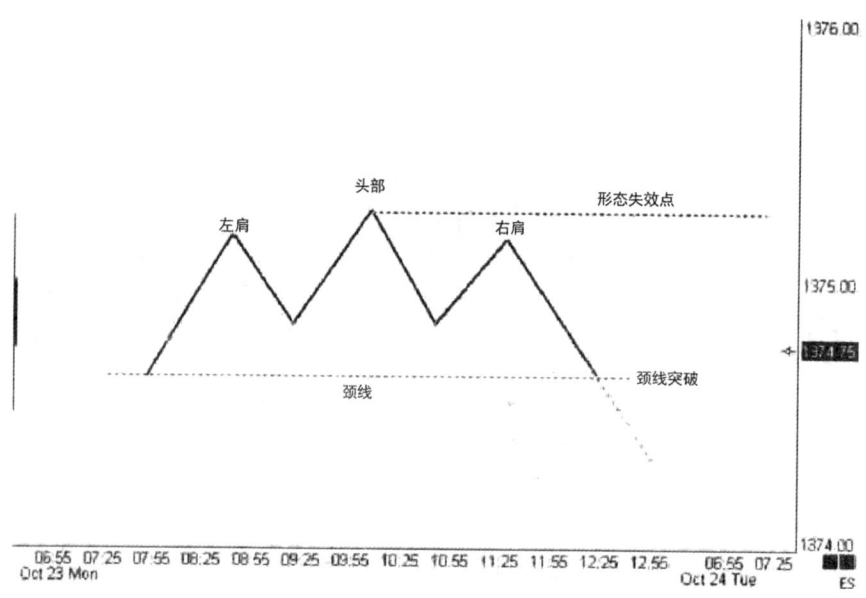

图 9.6 头肩形态的基本构造

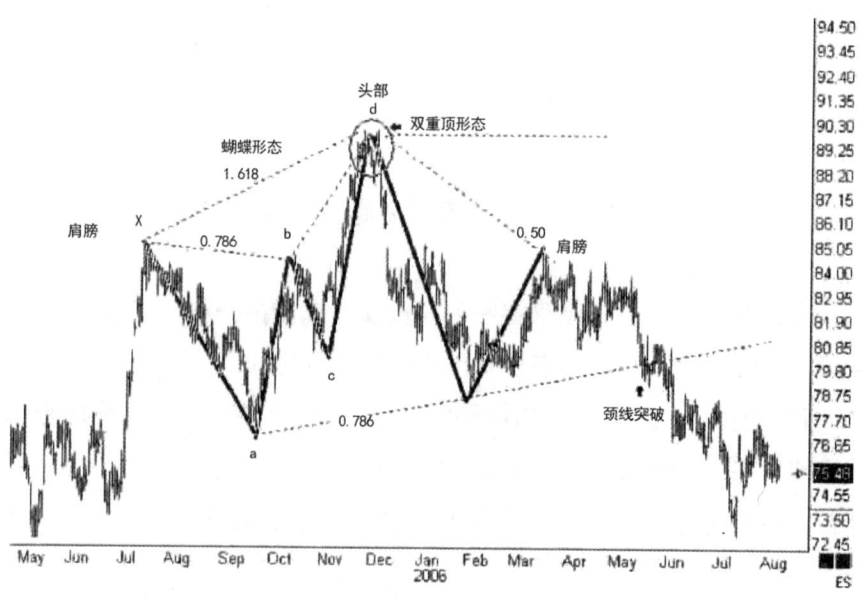

图 9.7 IBM 日线图：头肩顶形态和斐波那契比率

在头肩顶形态中应用斐波那契比率

我们来看一个标有斐波那契比率的头肩顶形态，如图9.7所示，这个在IBM日线图上出现的头肩顶形态内部包含几个其他的形态。你可以看到左肩包括一个蝴蝶形态和AB=CD形态。在圆圈标出的区域你可以看到一个双重顶形态。这几种形态都出现在同一价格区域内，共同形成了一个潜在的顶部反转区域。

左肩的B点出现在XA波段的0.786回撤位上，这是值得注意的一点，我们可以通过这个比率与右肩内的回撤比率的对比关系来识别这个形态的有效性和它潜在的多空双方力量对比，这是由于右肩是在头部形成后市场形成的反作用形态。调整性反弹通常会在0.618或0.786回撤位停止。当右肩内的回撤比率低于左肩比率时，头肩顶形态通常预示着市场将出现更大级别的下跌走势。时间上的对称关系也是比较重要的，它的出现是对这种头肩顶形态的进一步确认。

头肩顶形态交易

这种头肩顶形态的交易方式有好几种，第一种就是交易者可以依据图9.7所示的蝴蝶和AB=CD形态开始做空，或者按照已经形成的双重顶形态做空。虽然这种形态在整个构造出现以后是很容易识别的，但是对于这种做空方式的交易者来说，头部刚刚形成，随后的下跌还没结束，这时候要想识别出这种形态还是有很大难度的。

如果交易者以这种方式做空，已经获取了一部分利润，那么他就可以通过观察见顶下跌后市场出现的反弹来判断右肩形成的情况。止损位可以保持在盈亏平衡点处，或者就放在头部的高点，这是因为如果市场突破那个高点，那整个头肩顶形态就失效了。我们知道大部分交易者会在颈线突破处开始做空交易，这对于较早做空的交易者来说要想获得更大的利润，更要仔细观察价格在颈线突破的情况。

每一种形态都有可能失败，因此交易者可以在颈线被市场测试或突破的时候获取第二部分利润，再把止损位调整到稍高于最近高点的地方。图9.8展示了一个设置这种止损位的例子，图中也标明了颈线被突破的位置。在颈线被突破后如果市场继续下跌，交易者就可以使用AB=CD形态的AD波段的1.272回撤位来作为获利目标位并随之调整止损位，也可以使用更大级别波段的回撤位作为目标位。

设定这种形态交易获利目标位的另一种传统方式是：从颈线突破位置向下映射整个形态的高度，这样形成的映射位就是获利目标位。图9.9展示了这种例子。

这种形态交易的另一种方式就是在颈线突破处入场，止损位设置可以利用图表上的关键点位，也可以使用某个货币金额。

失效点

这种形态的失效点就在稍高于头部高点的位置。请回头看一下图9.6。在这种情况下，交易者要开始伺机做多，相应的止损位设置可以利用图表上的关键点位，也可以使用某个货币金额。失败的形态通常在相反方向上出现非常强劲的走势。

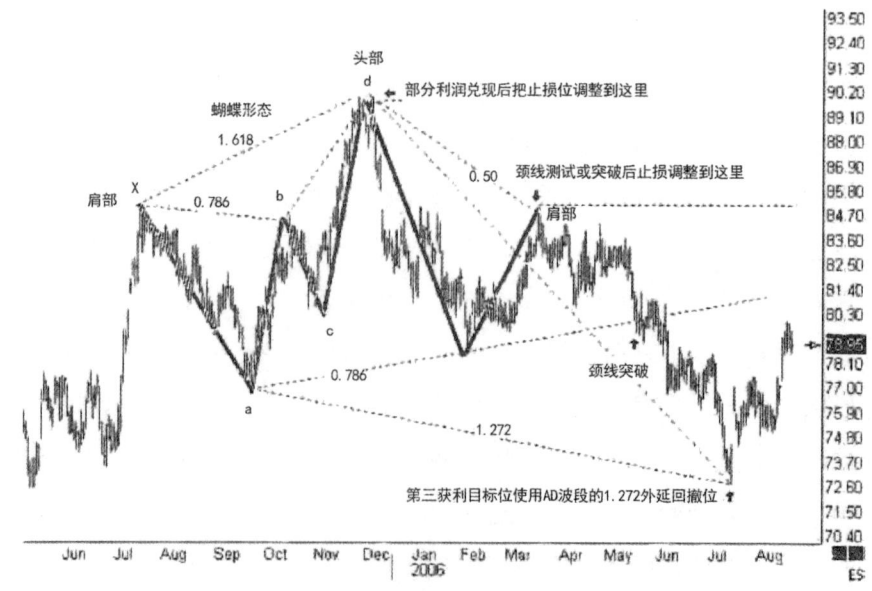

图9.8 IBM日线图出现头肩顶形态，价格到达颈线时止损随之调整，AD波段的1.272外延回撤位可以被用作获利目标位

第九章 古典技术分析形态

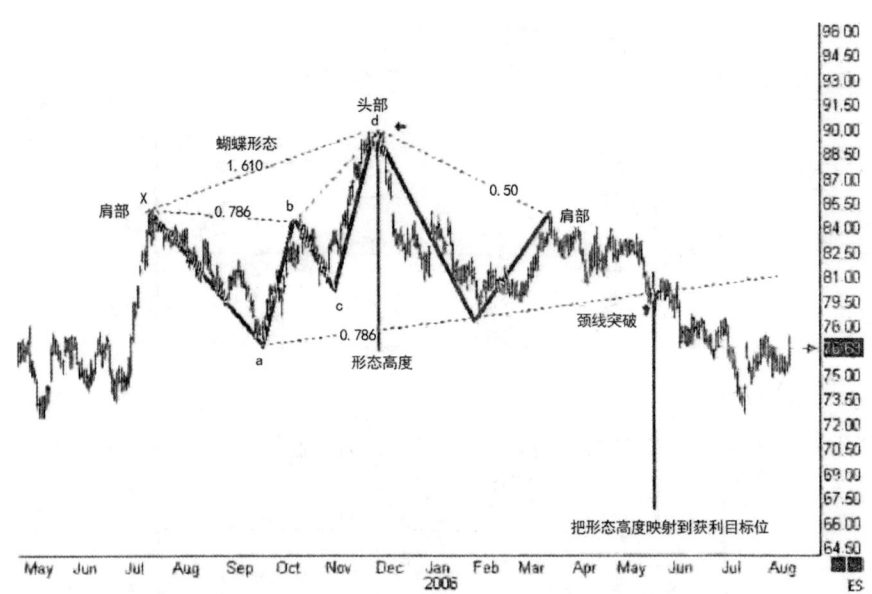

图9.9 IBM日线图出现头肩顶形态，把整个形态高度从颈线突破点向下映射，可以把这个映射位用作获利目标位

头肩底形态

既然我们以前提到过这些形态已经出现在市场中很多年了，而且不曾改变过，那我们就借此机会向你展示一个以前的例子。图9.10是1928年的一个头肩底形态。它出现在理查德·W.沙巴克在1930年出版的书《股市理论和实践》中。

这个走势图是1928年美国西屋电气的行情图（也就是1929大崩溃之前）。在这张图中，A、B、C被用来标注这个形态的左肩、头部和右肩（这个底部形态是头肩顶形态的倒影）。如果我们去除图中的标识和年份，我们就很难找出它与现在的头肩底形态的区别。

在图9.10的左侧，你可以看到一个AB=CD形态，它的终点就是A点，即左侧肩膀的底部。左肩形成后，市场出现了一个小级别的AB=CD做空形态，然后市场下跌，创出新低，就是这个头肩底形态的头部。

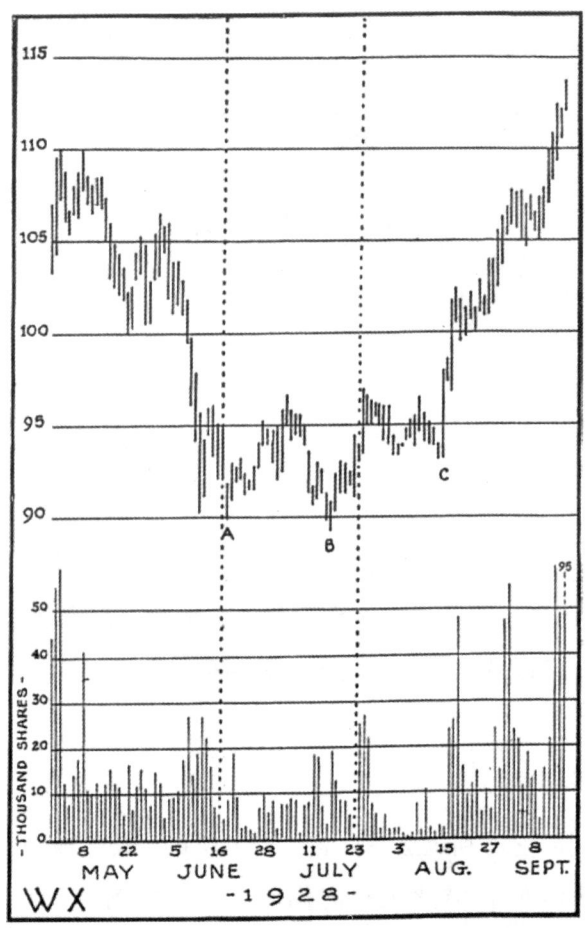

资料来源：理查德·W.沙巴克（沙巴克），《股市理论和实践》（B.C.Forbes, 1930）

图9.10 选自《股市理论和实践》的头肩底形态

随着价格从 B 点这个头部开始反转上涨，你可以看到市场在突破小级别颈线时出现了大幅蜡烛线，然后在价格加速上涨前市场出现了一个小级别的 AB = CD 做多形态。这个做多形态的终点就是 C 点，价格没有把这个 C 点快速打到前期波段 0.618 回撤位，这是一个预示市场要强势上涨的特征。用于这个形态交易的交易策略和风险管理策略也同样可以用于本书中任何别的市场走势。

这个头肩底形态是一个不规则的形态。沙巴克在谈到这个图时说从市场中随机抓到走势图不可能是一个完美的形态。他不认为这个形态是完美形态，因为这个形态的头部 B 点向下探的不够深，右肩的 C 点向下回撤的位置也不够低，这两点都远远达不到完美的标准。我们觉得这个不规则的头肩底形态是非常有教育意义的。我们很少能碰到完美的形态。交易者对形态研究得越久，就越容易识别出可以接受的不完美的形态，越容易把它们与失败的形态区分开来。

失效点

到现在为止，你或许已经知道了这种形态的失效点，就是稍低于头部最低点 B 点的地方。如果价格再次反转，创出低于 B 点的新低，这个形态就被认为是一种失效的形态。一旦市场能量开始向上加速，形成更高的低点和更高的高点，那么一个机警的交易者可能使用市场对 C 点的突破作为形态失效的标志。

拓宽顶和拓宽底形态

沙巴克把韦策尔（A.W.Wetzel）称赞为公开确定拓宽顶和拓宽底形态的第一人。在他的书《股市理论和实践》中，沙巴克把这种形态归为七种大反转形态之一。这种形态在 1929 年第三季度出现在很多股票上，随后的 10 月就出现了股市大崩溃，美国股市正式踏上了慢慢熊途。

这种形态是比较少见的，沙巴克指出正是因为如此，它的重要性相比其他比较常见的反转形态而言，就显得差一些。但这并不是说当它在市场上出现时，它不是一个强劲的反转形态。

大约 50 年后，这种形态作为反转点波浪系统被威尔斯·威尔德推向了市场。在当时差不多有 1000 名交易者以 2500 美元的价格购买了这个系统。在 1935 年出版的《股市利润》中，加特利也探讨了这种形态，他把它称为 T-6 拓宽顶。

形态结构

这种形态的结构包括五个反转点。低点持续降低，高点连续升高。图9.11展现的是道琼斯平均工业指数在2000年高点前出现的拓宽顶形态。

拓宽顶和拓宽底形态属于三角形和盘绕形态的范畴，它们也是古典技术分析形态，出现这些形态的市场在最终向上或向下突破前，处于一种犹豫状态。它们也可以作为一种中继形态出现在趋势中。请参考第十章"识别单边趋势日"的相关内容。这种形态的端点都出现在形态左侧，而不是右侧。市场从这个端点开始来回震荡形成一个三角形拓展形态，并最终突破形态端点。因此这种形态有时候被称为拓展三角形形态。

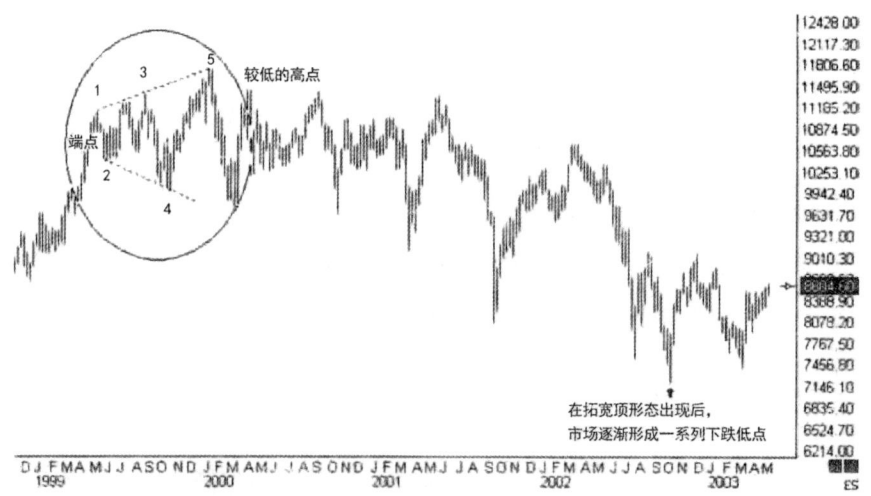

图9.11 道琼斯平均工业指数周线图出现拓宽顶部形态，形态包括五个反转点和一个左侧端点。在1929年第三季度很多股票出现了这种形态，随后在10月份市场出现了大崩溃

你可以在图9.11中看到在高点5后的市场出现一个下跌波段，然后再次向上反弹，形成一个高点，我们可以把这个高点认为是第6高

点,但这个高点没有超过高点 5。这种较低高点的出现预示着市场可能要发生反转。

加入斐波那契比率

在大多数拓宽顶和拓宽底形态中,我们可以使用斐波那契比率来观察它们内部波段之间的关系。形态中每一个波段都可以通过斐波那契比率与别的波段关联在一起。这种形态中最常用的斐波那契比率包括:0.618、0.786、1.00、1.272、和 1.618。

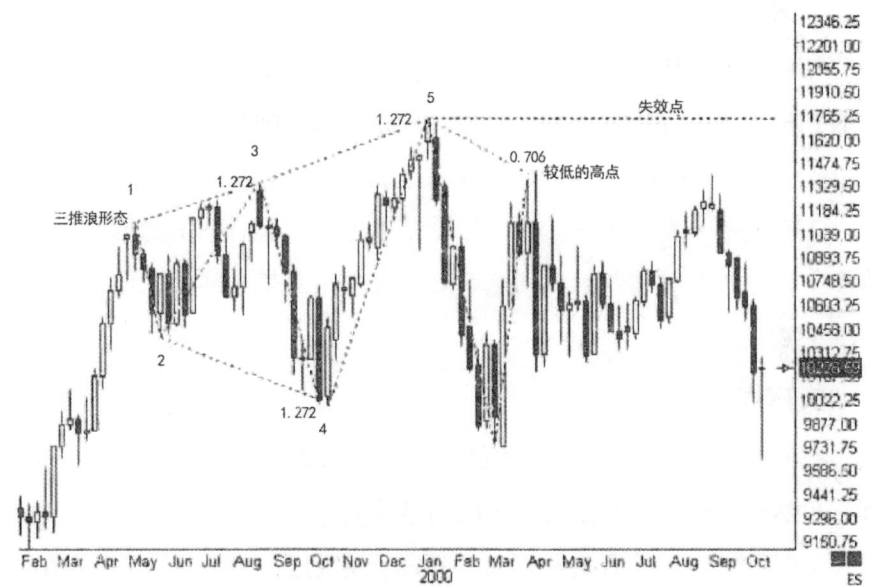

图 9.12 道琼斯指数周线图出现拓宽顶形态,其内部几何构造符合斐波那契比率关系

图 9.12 展示了图 9.11 中道琼斯平均工业指数走势的一部分,图上已经标注了这些波段之间的比例关系。

这个形态左侧从点 1 到点 3 形成一个 1.272 扩展形态。你也可以看到一个三推浪形态,它的终点就在拓宽顶形态的第 3 点上。在这个形态的顶部也有一个小级别的 AB=CD 形态。点 3 高于点 1。点 2 到点 4 形成另一个 1.272 扩展形态。这个形态的波段比例稍微大于 1.272 一点。点 4 低于点 2。点 4 与点 5 之间形成最后一个 1.272 扩展形态。对于最后一个终点在点 5 的波段来说，有一点值得注意：如果这个外延波段的比率等于 2，这个形态是可以接受的；如果大于 2，则说明市场仍然处于一个强烈的趋势状态中。

我们可以把图中那个较低的高点认为是第 6 高点，在高点 5 后的市场出现一个下跌波段，然后再次向上反弹到 0.786 的位置，形成了这个第 6 高点。本例中这个拓宽顶形态是非常对称的，也很容易被识别出来。

拓宽底形态刚好与拓宽顶形态相反（见图 9.13）。在这个图中你可以看到玉米市场在形成这种形态后，一路上涨，强劲攀升。

这个形态的低点，即点 1、点 3、点 5 没有到达 1.272 外延回撤位——它们刚刚超过 1.00。这个形态基本上是个比较完美的形态。市场在点 1 到点 3 的时间与点 3 到点 5 的时间差不多是一样的，你可以在图 9.13 中看到这一点。

失效点

我们在图 9.12 和图 9.13 中已经标出了拓宽顶和拓宽底形态的失效点。虽然这两个形态都出现在大时间结构的顶部和底部，但这并不意味着在小时间结构上没有这种形态。然而当它们在大时间结构上形成时，通常预示着市场要出现大反转。图 9.12 中道琼斯指数出现的拓宽顶部形态就是一个例证。

当这些形态失败时，市场可能会在相反方向出现井喷式走势（也就是继续沿着原来的方向前进）。如果市场以大幅蜡烛线（通常是普通蜡烛线的两到三倍）或跳空缺口突破这种形态的终点（点 5）时，那就意味着市场极可能要沿着原来方向大幅度前进。交易者在交易这种形态时必须量化风险，使用止损保护措施。

第九章 古典技术分析形态

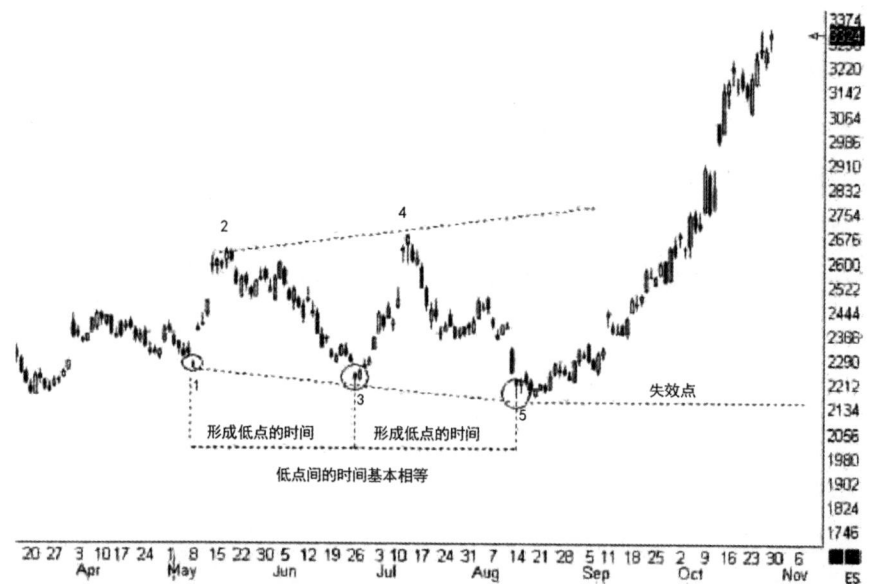

图 9.13 玉米日线图出现拓宽底形态。虽然形态中的低点没到达 1.272 回撤位，但低点之间的时间基本上是一致的

拓宽顶和拓宽底形态交易

我们在前面这种形态的示例中提过，当市场形成拓宽顶和拓宽底形态时，有时候可以看到市场也在它们的内部形成别的形态。在图 9.12 中，我们可以找到一个 AB=CD 形态，一个 1.272 扩展形态和一个三推浪形态。但交易这种拓宽顶和拓宽底形态时，交易者可以使用这些形态内部出现的其他形态进行交易，我们在前面也都讲述过它们相应的止损位和获利出场位设置。

就拿图 9.12 中的拓宽顶形态做个交易例子，在形态形成后市场出现最初下跌波段时，准备利用回撤入场，根据风险是否可以接受把止损单设置在 0.786 或 1.00 的位置，然后使用追踪调整止损位来管理交易。

对于图 9.13 拓宽底形态的交易，由于图中没有太深的回撤，那些等待 1.272 回撤位入场的交易者会错过最初的入场位。交易者或许会在小时间结构上寻找形态交易入场机会，并设置相应的止损位。如果在日线或周线这些大时间结构上交易这个形态,就要记住它可能是一个长期的反转信号,你要相应地计划自己的出场位。

如果任何一个形态出现失败信号,交易者就要顺着失效点被突破的方向进行相应的交易。

虽然拓宽顶和拓宽底形态在本书中出现的较少,但它们仍然可以成为一个最可靠和盈利最多的形态,这值得交易者花时间研究。

第十章 识别单边趋势日

作为一个反复尝试逆市交易的后果，一个单边趋势日可以很轻松地成为一个反趋势交易者产生最大亏损的一天。单边趋势日是指市场开盘在日内高点或低点附近而收盘在日内低点或高点附近的交易日。这些交易者在根据反趋势信号或形态进行交易时或许觉得他们在做一件正确的事情，但实际上却一次又一次地被止损出局。像这样的一个交易日可以毁掉几周甚至几个月的利润，这不仅在资金上打击了交易者，而且还破坏了交易者的心态。相反，如果交易者掌握了如何识别单边趋势日，并在单边趋势方向上交易，那他们就可以扭转那种不利的局面，就有可能把单边趋势日变成他们最好的交易日。

本章中，我们要以 S&P 500 E-mini 股指期货为例讲述如何在这样的单边趋势日交易。我们之所以选择这个市场品种有下列几个原因：第一，它是一个日内交易者广泛参与的市场；第二，这个市场出现的特征也会同样出现在其他个股和市场上。既然 S&P 500 指数是根据 500 种股票价格计算出来的，那么在某个交易日指数处于单边趋势时，构成指数的大部分上市公司股票也同样会出现单边趋势。我们专门设立本章讲述单边趋势日的目的就是要帮助反趋势交易者提前识别这样的交易日，掌握这种日内短线趋势的交易方法，以便于他们做出相应的交易决策。

我们要讲述的要点是：

- 识别单边趋势日；
- 单边趋势日出现的各种形态；

- 如何在单边趋势日应用多重时间结构和斐波那契比率进行分析和交易；
- 避免在单边趋势日进行反趋势交易，控制交易风险。
- 单边趋势日交易案例。

识别单边趋势日

趋势包括低点和高点都越来越高的上升趋势，以及高点和低点都越来越低的下跌趋势（见图10.1和图10.2）。趋势可出现在任何时间结构中，包括小时间结构和大时间结构，而且那些持续时间较长的趋势会首先出现在小时间结构中。凌厉的趋势通常会开盘在日内高点或低点附近，收盘在日内低点或高点附近。当趋势正在前进时，假定价格已经太高或太低并因此做空或做多是错误的。市场价格可以不按照任何人的预料一直继续向上或继续向下变动。单边趋势日出现的几率比其他类型的交易日要小的多。平均算起来，一个普通的交易月通常会有2到5个单边趋势日。

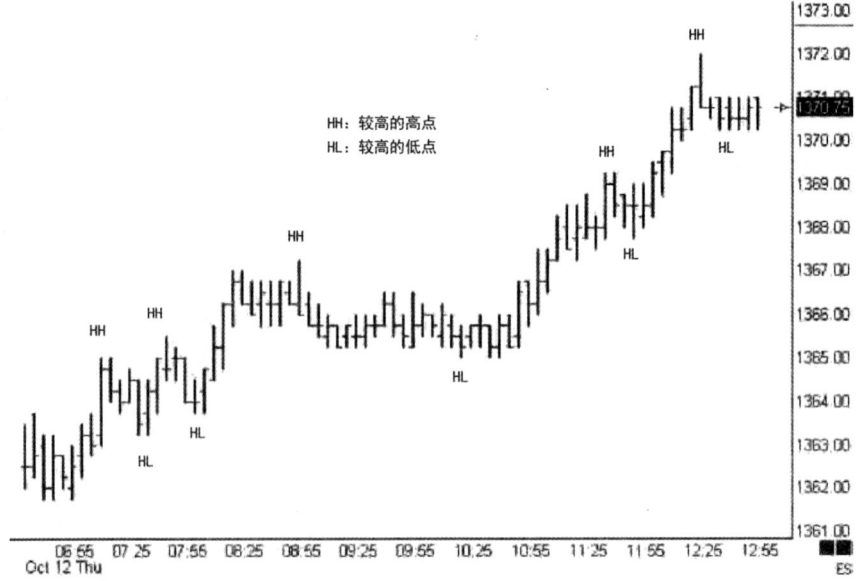

图10.1　S&P 500 E-mini 股指期货5分钟图出现单边上升趋势。这一交易日，市场开盘在低点附近，收盘在高点附近

第十章 识别单边趋势日

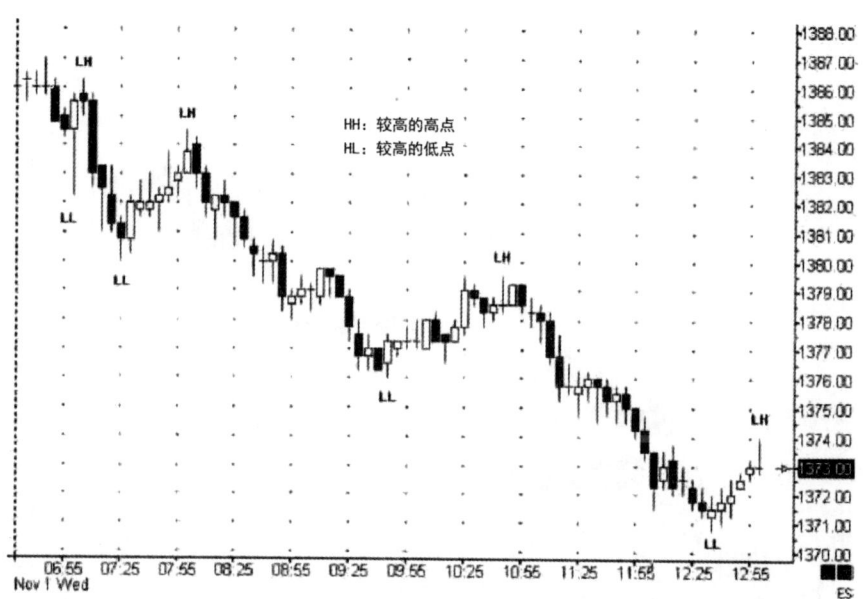

图 10.2 S&P 500 E-mini 股指期货 5 分钟图出现单边下跌趋势。这一交易日，完全与图 10.1 相反，市场开盘在高点附近，收盘在低点附近

当交易 5 分钟这样的小时间结构时，交易者应该警惕趋势可以在任何一个点上开始，也可以在任何一个点上结束。换句话说，有时候趋势是比较短命的。

图 10.3 展示了与图 10.1 同样的内容，但它包括了更多的蜡烛线，我们可以看到市场在开盘时的向上跳空缺口。它告诉我们市场价格有些失调。图中竖虚线标出了当天的开盘价，线的左侧是前一天的收盘蜡烛线。这里值得注意的是市场如何守住这个开盘缺口。在图 10.3 中，我们可以看到在开盘后市场一直都没有回补这个缺口。这是我们看到的第一个强势信号，它预示着一整天的上升趋势或许正在酝酿之中。我们还可以在图中看到一个标着大幅蜡烛线的阳线，它在当时创出了日内新高，这也是单边趋势日的一个早期标志。假如在市场出现这根创新高的

大阳线后，价格反转到开盘缺口内，那么这个交易日很可能就不是单边趋势日了。

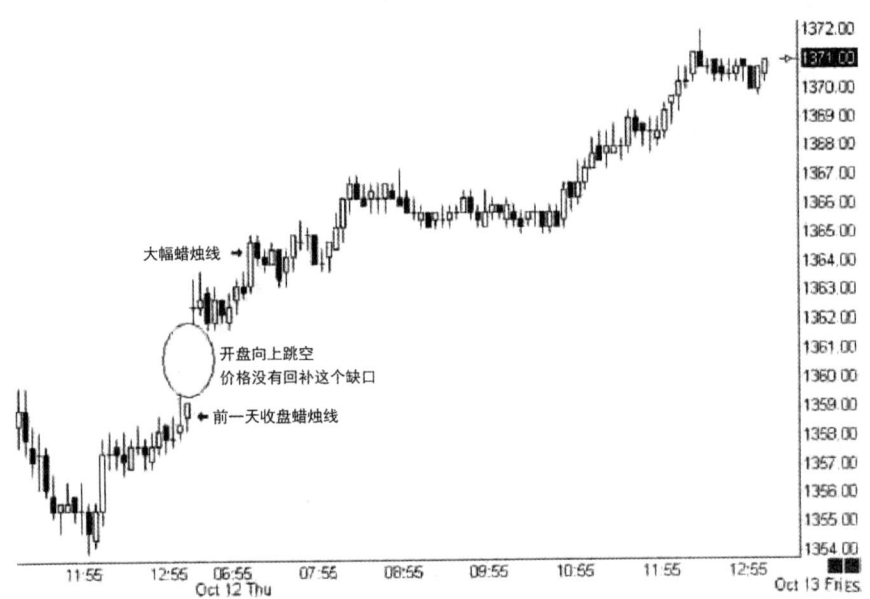

图10.3　S&P 500 E-mini 股指期货5分钟图出现单边上升趋势。没有回补的开盘跳空缺口和创新高的大阳线都是强势特征信号，预示着一个单边上升趋势或许正在运行过程中

市场走势包括收敛和发散，当市场收敛时（也就是在一个区间内交易），它就给我们一些反趋势交易机会；当市场发散时，它就给我们一些趋势机会。我们在下面列出三个市场倾向，它们有可能是市场产生单边趋势的征兆：

1. 市场某一交易日的日内振荡区间缩窄，而且在过去的7个交易日内它是最狭窄的，我们把它称为NR7。它首先是由托比·克莱伯（Toby Crabel）在《利用短线价格形态和开盘区间突破进行日内交易》（交易者出版社，1990）这本书中提出的。琳达·拉斯琦克（Linda Raschke）也针对单边趋势日前的日内振幅做了大量的研究。

2. 开盘跳空，而且在开盘后 15 到 30 分钟内出现大幅蜡烛线。

3. 无方向性收盘，市场收盘在开盘价附近。

托比·克莱伯和琳达·拉斯琦克都对单边趋势日出现前市场倾向做了很多统计研究。

当一个单边趋势正在演绎时，如果包括标准普尔 500、道琼斯平均工业指数、纳斯达克指数和罗素（Russell）指数在内的所有指数都在同一方向上运行时，那么这个单边趋势就是最有效的。在上升趋势中，它们都会创出新高；当然在下跌趋势时，它们都会创出新低。我们前面曾经指出，构成指数的大部分股票也会在同一方向上走出趋势来。如果交易者看到个别股票没有参与这种趋势，就可以把它们记下来，观察它们的形态，并伺机交易。如果看到领先这种趋势的股票，交易者也可以把它们记下来，寻找趋势方向上的入场机会。

单边趋势日内出现的形态

一旦交易者识别出一个单边趋势正在运行，就要尽量顺势交易。在这种单边趋势中，有可能会形成一些具体的形态。就像我们以前讲述的，出现 0.382 回撤的趋势一般是最强的趋势，而普通趋势会出现 0.5 的回撤。在这些回撤走势内可能出现一个 AB=CD 形态，交易者也可以观察各种盘整形态，利用重复出现的调整空间进行入场交易。单边趋势日内的调整幅度一般都不大。极强的趋势可能仅会出现 1.25 点到 3.5 点的调整。一般情况下，这种单边趋势内的调整都不会超过 5.5 点。这一点可以帮助交易者在交易单边趋势时设置止损位。

我们在下面着重讲述两种单边趋势内的形态：

1. AB=CD 形态

2. 盘整形态

单边趋势日内的 AB=CD 形态

大多数日内趋势至少会出现一个 AB=CD 形态，它将会给交易者提供一个低风险入场机会。就像我们前面提到的，这种调整一般较浅，很多时候，这种形态会调整到 0.382 或者 0.50 回撤位。在较强的单边趋势日它们一般不会回撤到 0.618 或 0.786 的位置。在图 10.4 这个单边趋势日内，出现了两个 AB=CD 形态。第一个在趋势大幅展开前就出现了，但它确实回撤到了 0.618 的位置。调整深度达到了 4.5 点。对于某一个单边趋势日来说，调整深度一般都比较相似。在趋势比较强劲的情况下，一旦趋势加速，调整深度就会减小。我们在 0.382 或 0.50 回撤位出入场的交易机会不太多，这种单边趋势就是其中一种。

图 10.4　S&P E-mini 5 分钟图单边下跌趋势出现 AB=CD 形态，第一个 AB=CD 形态在开盘后很快就出现了，并且回撤到 0.618 回撤位

图中第二个 AB=CD 形态出现的时间比较晚一些，它的回撤深度是 3.5 点。在图 10.5 中你可以看到在计算回撤点位时我们使用的是开盘价 1386，而不是波段的实际高点。在单边趋势日，价格倾向于回撤到从开盘价开始计算的 0.382 回撤位。知道这一点很好，它可以帮助你确定入

场时机。

单边趋势日盘整形态

虽然 AB=CD 形态在单边趋势日也是一种盘整形态，但在市场没有出现 AB=CD 形态时，市场仍会出现其他盘整形态。这些盘整形态可以形成上升趋势的上升旗形形态和下跌趋势中的下跌旗形形态；三角形形态在强势趋势的横盘调整时也可以形成一种盘整形态。

在图 10.6 中，单边趋势日开始于一个向上跳空缺口。市场价格没有回补缺口区域，而是出现了一个只有 1.75 点的小幅回撤，随后市场创出新高。在几根大阳线后，市场又出现了一个 2.75 点的回调，这说明市场趋势是比较凌厉的。这个 2.75 点的回调刚好接近从开盘价开始计算的0.382回撤位，二者仅相差一点

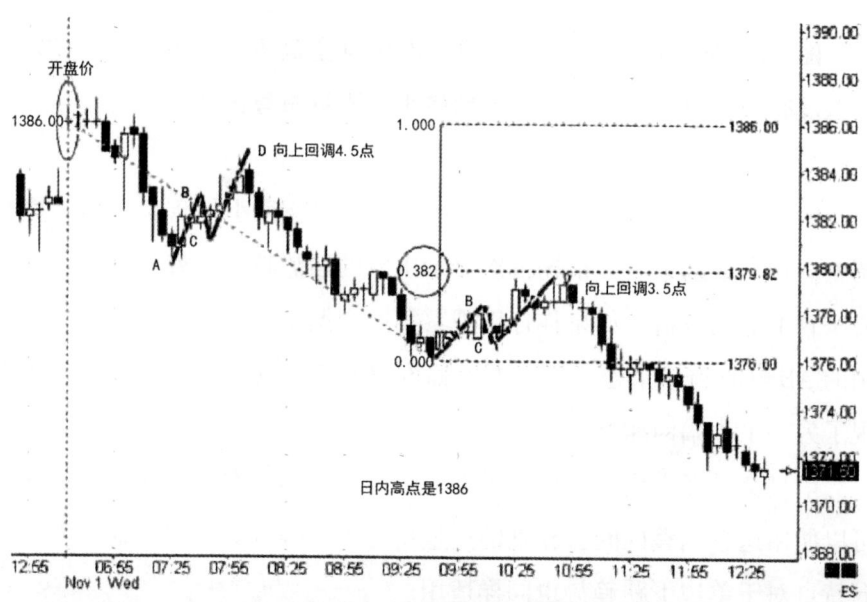

图 10.5 S&P E-mini 5 分钟图：单边下跌趋势出现两个 AB=CD 形态。第二个 AB=CD 形态的回调点位刚好到达从开盘价开始计算的 0.382回撤位

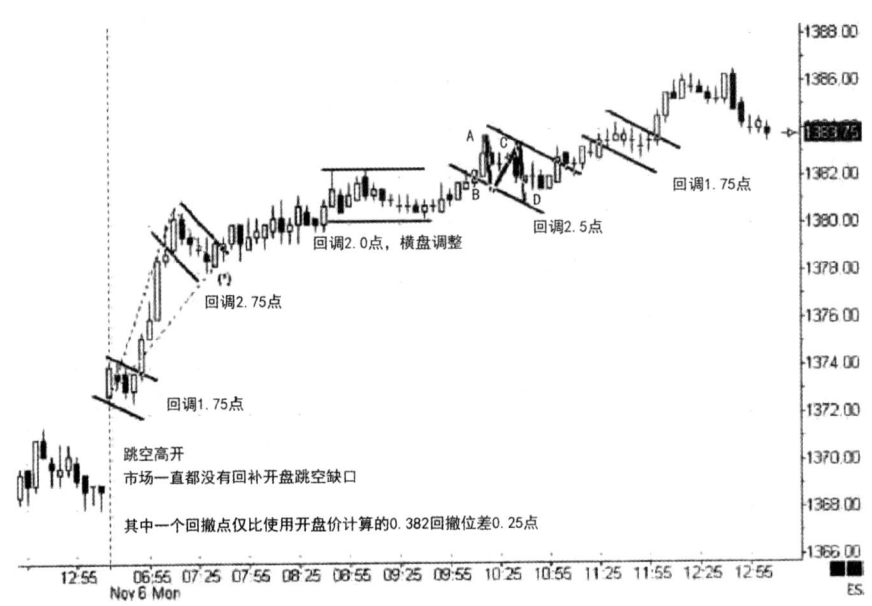

图 10.6 S&P E-mini 5 分钟图：市场跳空高开出现单边上升趋势，一直没有回补缺口，回调幅度都比较小，而且重复出现

请注意第三个调整幅度仅有 2.0 点，通常这种小幅盘整被称为横盘调整。在盘整结束后，市场再次显示出它的强势特征，好像市场很可能要一直上涨到收盘。如果你仔细观察第四个调整，你就会看到一个小级别的 AB=CD 调整形态，整个调整幅度仅有 2.5 点。市场在收盘前还出现了另一个小幅回撤调整。

一旦交易者看到几个调整形态的幅度都基本上在同一区间内，他就可以使用这个调整区间去在别的调整形态中寻找入场时机。这些市场倾向特点对于单边下跌趋势也同样适用。

用于单边趋势日的斐波那契比率

一般情况下，当市场在小时间结构上上演单边趋势日时，市场会在大时间结构上运行到一个较高或较低的价位，交易者要对大时间结构的市场走势保持清醒的认识。请看一下图 10.7，这是 60 分钟图，图上虚线矩形框内的 7 根蜡烛线对应的就是图 10.6 上的单边趋势日，我们可以很清楚地看到强势的上涨能量和市场跳空高开的情况，也可以看到市场在斐波那契回撤位处的反应。

在图 10.7 中第一个 0.382 回撤位处，市场出现了一个大阳线，强劲的上涨能量很轻松地穿越了这个价位，没有任何阻挡。现在我们来看看图 10.8，这张图上仍然标有图 10.7 上的回撤位，但它以 5 分钟结构图的方式更清晰地把市场在这些回撤位处的表现和反应描绘出来了。我们可以看到市场跳空开盘后不久，就到达 0.382 回撤位，它立即击穿了这个回撤位，没有任何阻挡。这个价格上攻动作是图 10.7 中 60 分钟结构上第一个大阳线，在图 10.8 上我们可以看到这个大阳线在 5 分钟结构上的分解蜡烛线。价格随后上涨到 0.50 回撤位，同样也没在这里遇到什么大的阻挡。

这个信息是非常有价值的，因为它告诉我们价格正处在趋势当中，有可能到达 60 分钟图上的 0.618 或 0.786 回撤位，或者更高的位置，它也告诉反趋势交易者要避免做反趋势交易，要尽量顺势交易。我们也可以在图 10.8 中看到，当价格到达 60 分钟图上的斐波那契回撤位时，市场一般会反复测试一下这些位置，然后再突破这些回撤位。

我们要仔细观察的下一个细节就是图 10.6 中标出的调整形态具体是在什么位置进行调整的。图 10.9 展示了这些调整形态与 60 分钟图上斐波那契回撤位的关系。我们可以看到在每一个回撤位处，价格都形成一个调整形态，然后再继续上升。

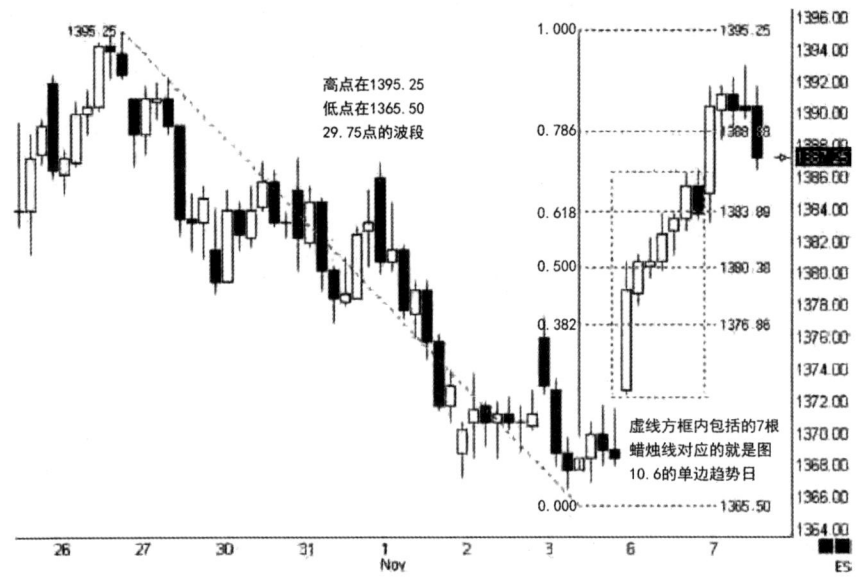

图 10.7　60 分钟图展示了大级别的市场走势，图中长方形虚线内包括的蜡烛线对应的就是图 10.6 的单边趋势日

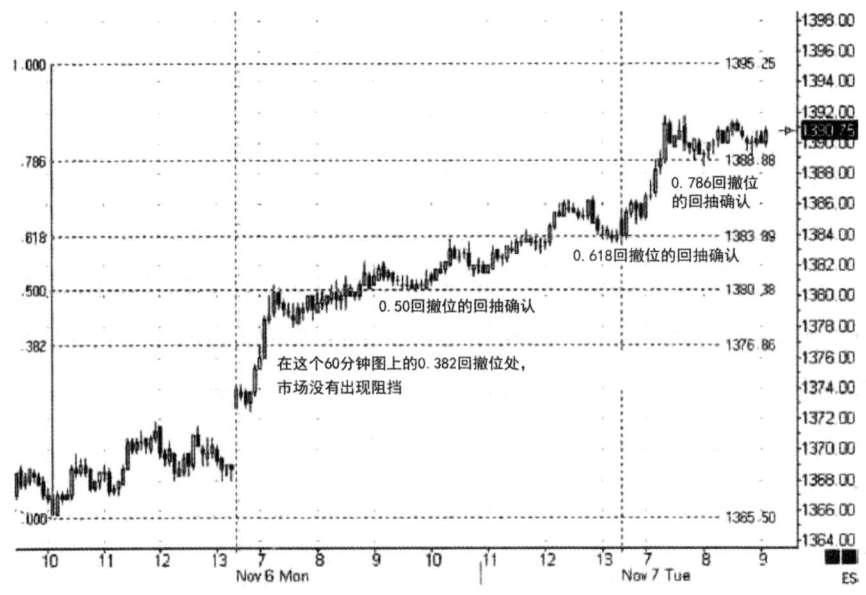

图 10.8　S&P E-mini 5 分钟图：把 60 分钟图的斐波那契回撤位标注在 5 分钟图上，我们可以进一步观察市场在这些回撤位处的反应

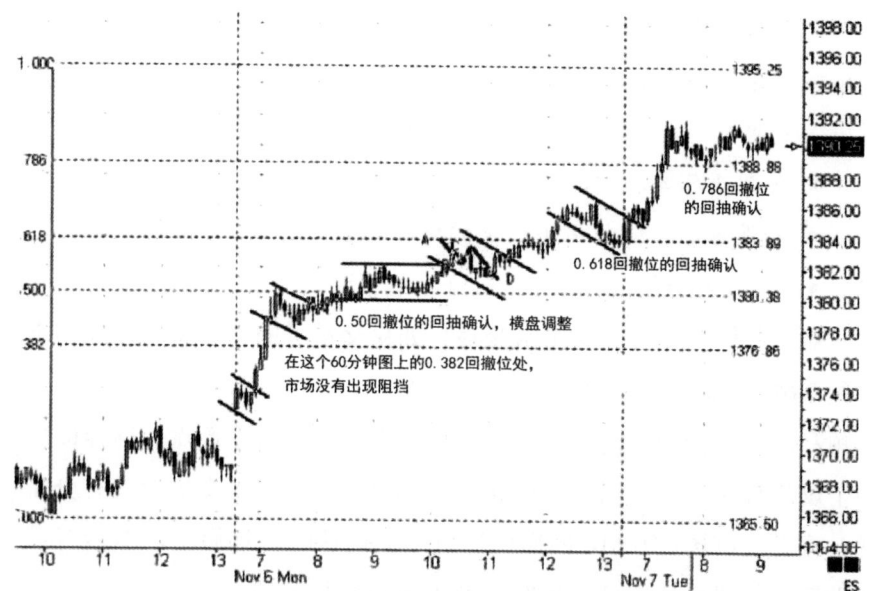

图 10.9 S&P E-mini 5 分钟图：把 60 分钟图的斐波那契回撤位标注在 5 分钟图上，我们可以清楚地看到单边趋势的调整形态就出现在这些回撤位上

如果我们观察 0.50、0.618 和 0.786 回撤位，我们可以看到市场在这些回撤位的上面都会盘整一下；这通常预示着市场正处于趋势当中，会进一步拉升。在 0.5 回撤位上方，市场出现了一个横盘调整形态，调整幅度仅为 2.0 点，这显示了在这个阻挡位上，市场仍然具有强势上涨的能量。我们可以据此识别市场的趋势方向，及时采取合理的交易操作。对于那些试图在这种强势趋势中做反趋势交易的交易者来说，这个单边趋势日会成为灾难性的一天。

单边趋势日风险控制

如果反趋势交易者一不留神发现他们已经处于一个单边趋势日，他们可以利用调整形态顺利出场。请回头看一下图 10.9，我们假定一个交易者在 0.618 回撤位处开始做空，最初止损空间是 3 个点，突然间意识到市场正在走一个单边趋势。这时候，为了保护本金和控制风险，交易者可以采取下列管理措施中的一个或多个：

- 使用止损单把亏损限定在一个小范围内。
- 如果可能，就利用小级别的回撤退出交易。
- 把止损单设置在稍高于或稍低于最近波段高点或低点。

对于我们刚才假定的做空交易，如果交易者的获利目标位在向下回撤到 0.618 回撤位，那么在小级别的 AB=CD 形态形成时，他就会有机会顺利出售一部分仓位，然后把止损位设定到盈亏平衡点。这样即使他做了反趋势交易，他仍然可以获得一部分利润。如果交易者没有分批出场，或者在市场对 0.618 回撤位进行回撤确认时入场做空，然后意识到他做反了，那么他就可以采取下列措施中的某一种：

- 立即退出，反手做多。
- 利用下一个小级别回撤出场，但要意识到回调幅度是非常小的。
- 把止损位调整到最近小级别波段的高点。

再次指出，不论交易者处于哪一种情况，都必须使用止损单来控制亏损。当市场在上升趋势中，如果交易者看到市场在斐波那契回撤位上方盘整，或者在下跌市场中看到市场在斐波那契回撤位下方盘整，那他必须意识到市场很可能要沿着原来的方向继续前进。

单边趋势日交易

我们现在看几个交易案例，请注意它们的入场点、止损位和获利目标位的设置。在第一个案例中我们使用前面用过的那个单边趋势日的走势图；第二个案例中市场没有出现单边趋势，是一个失败的案例。就像我们已经提过的，在交易中没有什么事是 100% 确定的。

1#交易机会：单边上升趋势日交易

市场：S&P E-mini

合约手数：两手

理想情况下，在一个单边趋势日，交易者会守住较早入场的核心仓位，一直到收盘。但为了防止市场并没有按照我们的预期走出一个单边趋势，交易者就可以先出场，然后当单边趋势调整形态出现时再把仓位加回。这样就可以锁定一部分利润，减少风险，以防止趋势在收盘前过早结束，也可以确保在大部分趋势时间内持有仓位。

在图 10.10 中，我们已经在这个单边趋势上标出了 5 个调整形态：

1. 跳空高开后不久就出现的调整形态，调整幅度是 1.75 点；
2. 在 0.50 回撤位处出现的调整形态，调整幅度是 2.75 点；
3. 在 0.50 回撤位上方出现的横盘调整形态，调整幅度是 2.0 点；
4. 小级别 AB=CD 形态，调整幅度是 2.5 点；
5. 在 0.618 回撤位处出现的小幅调整形态，调整幅度是 1.75 点。

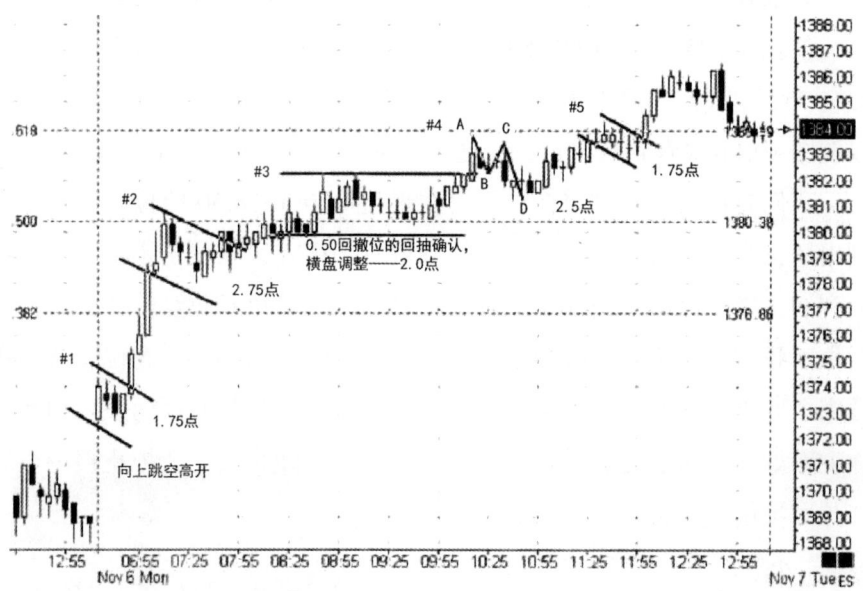

图 10.10　单边上升趋势日 5 分钟图，请注意这 5 个调整形态的调整幅度，市场倾向于重复这个调整幅度

对于 1#形态，如果交易者有足够多的市场知识和技巧去识别这个单边趋势，他就会较早入场交易这个单边趋势日。但我们不考虑那种情况，只假定在 1#形态后，交易者就识别出这个趋势，原因是：

- 跳空高开，没有回补；
- 大阳线；
- 小幅回调。

交易者开始等待第一个趋势入场形态出现，它就是 2#形态。我们知道第一个调整幅度仅为 1.75 点，我们要使用一个调整幅度在 1.75 点和 3 点之间的回撤来入场。如果我们采用一个 2 到 3 点的调整形态和 3 个点的止损设置，那么市场就有足够大的呼吸空间，交易者设置的止损位就在回撤深度为 5.5 点的价位。这个 5.5 点的调整幅度是我们不愿意看到的，它是我们认为趋势有效的最大调整幅度。每一个规则都有例外，但我们发现它对于单边趋势来说是一条比较好的通用原则。

如果我们从 2#形态的高点开始使用 2 点的调整幅度入场，我们的入场位就在 1378.75，最初止损空间使用 3 点设置，我们的止损位就在 1375.75，这个价位刚好稍低于大阳线的低点，应该是个支撑位。你可以在图 10.11 中看到这些位置，这个止损位是个可以接受的设置。

我们要把第一获利目标位设置在最近高点 1378.50 的位置。一旦获利出场，交易者可以把止损位调整到盈亏平衡点，以便于锁定这次交易的利润，减少风险。记住交易者要尽量在单边趋势日收盘前持有一部分仓位。我们下一步就是等待下一个形态出现时再增加一手仓位。合约手数完全取决于交易者的资金管理计划。我们这里只是使用两手合约来向你说明如何在单边趋势日管理交易。本例中，随着交易者把止损位设置在盈亏平衡点，他就有了 2 点利润。

第十章 识别单边趋势日

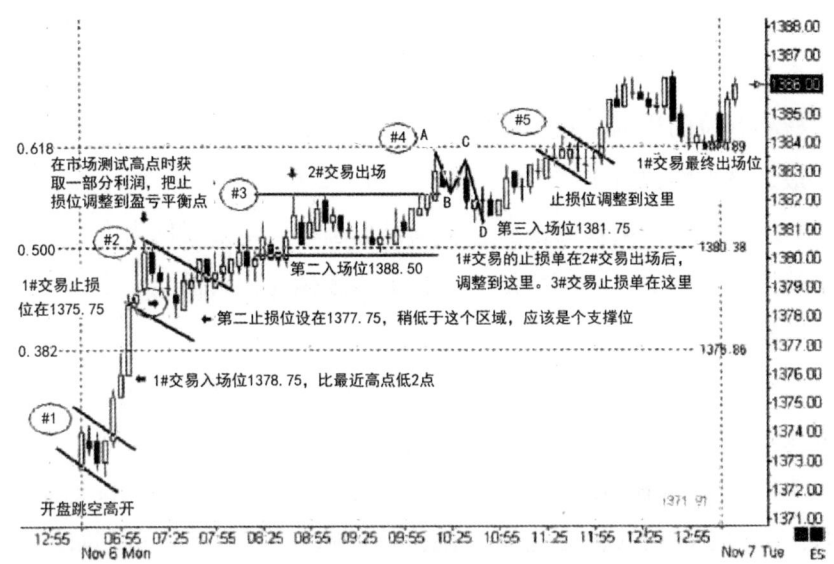

图 10.11 单边上升趋势日 5 分钟图，利用调整形态入场，止损空间设为 3 点，止损位稍低于大阳线低点，那个位置应该是支撑

在 0.50 回撤位上方的 3#横盘调整形态就是我们下一个入场的机会。价格在某一个斐波那契回撤位上方调整（对于单边下跌趋势日就是在某一回撤位下方调整）是预示市场强势的信号，交易者可以把它当作一种低风险的入场机会。应用的理念是：曾经是阻挡的位置现在就是支撑。对于下跌趋势，这个理念就是：曾经是支撑的位置现在是阻挡。

我们可以利用这个对我们有用的一点，在这个单边趋势日入场第二次交易。我们把第二个做多入场单设置在 1380.50，这个价位稍高于 0.50 回撤位。把相应的止损位设置在稍低于上一个调整形态低点的位置，即 1377.75，对应止损空间是 2.75 点。第一手仓位的止损位可以保持在 1378.75。刚入场的仓位的获利目标设置在最近的高点 1382.25，这将会获利 1.75 点，获利后，把第一手仓位的止损位调整到 1380.00，稍低于最近低点位置。这时交易者仍然持有一手仓位，在单边趋势日要尽量利用这个仓位获取更多的利润。

第三个入场机会就在 4#小级别 AB=CD 形态形成的时候，要注意这个形态的调整幅度。这个形态的终点大约在1381.75，对应的调整幅度是2个点。我们可以把止损位设置在稍低于上一个低点的位置，就是第一手核心仓位的当前止损位1380.00。第三次入场的仓位的获利出场位就在最近高点的位置1383.75，对应盈利是2点。

5#形态是图上出现的最后一个调整形态，调整幅度仅为2点。在如此小的调整幅度上入场交易是一个棘手的选择，在实盘交易中，有时候你很容易错过它。但交易者仍然持有在1378.75价位处入场的核心仓位，它对应的止损位在1380.00。一旦市场在5#调整形态后创出新高，原来在1378.75的止损单就可以调整到稍低于这个形态低点的位置，即1382.50，然后交易者就要在接近收盘的时候寻找出场点。收盘价是1384，这对于最初的核心仓位来说，就意味着5.25点利润。如果交易者在开盘时早点入场，利润就会更大一些。你可以仔细观察一下图10.11，交易的细节都标注在上面。

2#交易机会：失败的单边趋势日交易

市场：S&P E-mini

合约手数：两手

在图10.12中，我们可以体会到在交易入场后设置止损的重要性。毕竟，任何一种形态都有可能失败。从长远来看，止损设置会帮助交易者保护既得利润，把亏损限制在一个小额范围内。

我们已经讲过，在5分钟图上，任何一个超越5.5点的调整幅度就预示着趋势可能要发生变化。我们可以在图10.12中看到这一天开盘的时候，市场走势很像一个单边趋势，大阳线和小幅回调都是趋势的特征。图中值得注意的几个要点是：

- 在市场创出新高，第二个3.25点调整形态出现后，市场就不再创新高。
- 要记住，在单边上升趋势日，市场的高低点会持续抬高，在单边下跌趋势日，市场的高低点会持续降低。
- 一旦市场调头向下，创出新低，突破图中支撑点，那么原来的趋势很可能就结束了。

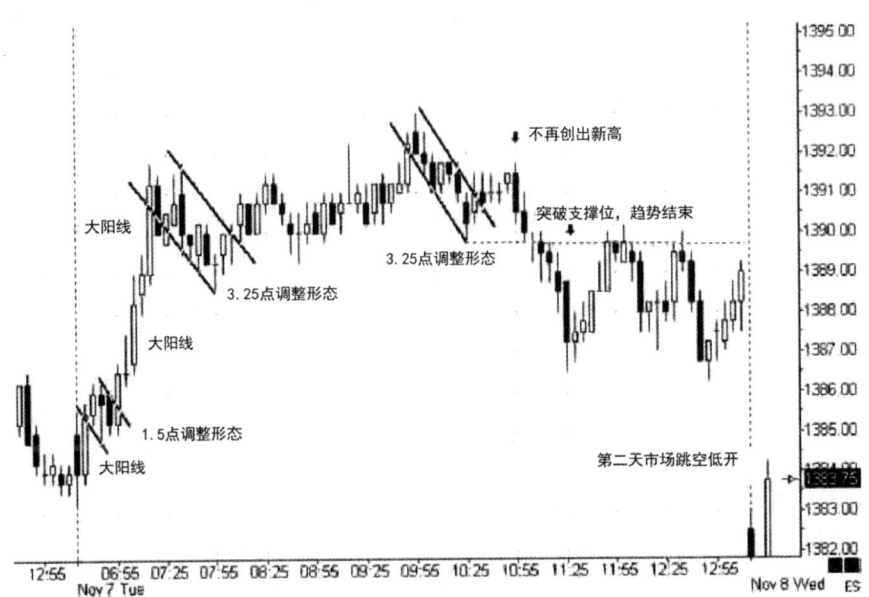

图10.12 5分钟图：市场没有走出预期的单边上升趋势。一旦市场不能继续创出新高而且调头向下，原来上升趋势就结束了

一个交易管理技术比较高超的交易者在这种下跌时回吐的利润会非常少。市场在第二天开盘时跳空低开。注意倾听市场的声音是比较明智的做法。

如果你不太熟悉单边趋势日，就要花些时间观察、学习它的特点，以便于在交易它们时，能够熟练操作。我们建议保留一些趋势图的资料，对于重复出现的特征，要做一些评论性的笔记。一旦你对单边趋势日感到比较习惯了，你就能够制定一个相应的交易计划，包括合理的资金管理、入场策略、止损设置和利润目标。

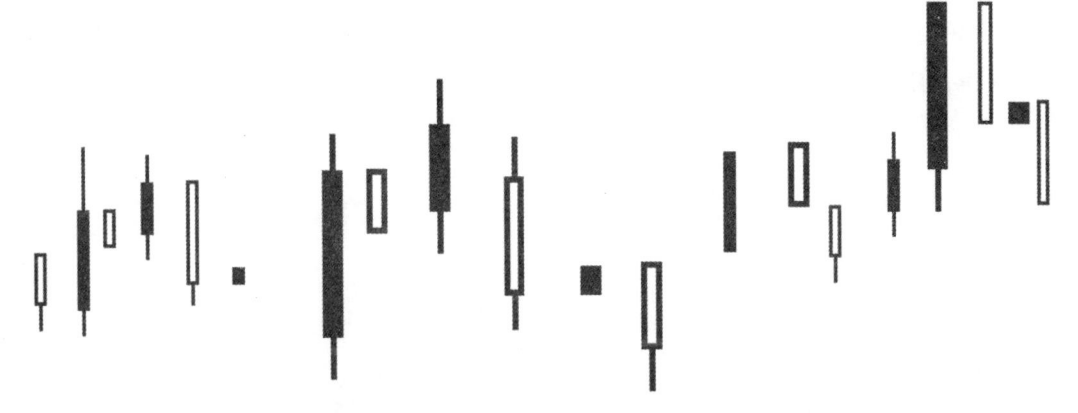

第三部分　交易的基本要素

第十一章　交易管理

　　学会有效地管理交易将会对交易者的交易结果产生重大的影响。这项技术通常要求交易者本身具有足够的耐心和时间，并进行大量的实践，也要求交易者要客观看待他们的交易，确定哪些地方是做得比较好的，哪些地方需要进一步改进。

　　改进交易技术的第一步就是学习一种适合交易者个性的交易方法。任何一种交易方法都会有盈利的时候和亏损的时候，要从胜算概率的观点来看待交易，这将会帮助交易者制定和坚持正确的资金管理策略。

　　我们无法提前预测哪一次交易会盈利，亏损的交易总会有的。当一连串的亏损出现时，交易者必须继续深入研究如何交易这样的期间或区间。不幸运的是，就是在这个时候大多数交易者开始丢弃自己的方法，重新探寻一种不会导致亏损的方法。殊不知，正是通过这些亏损，研究学习管理风险的方法才能让交易者的最终交易结果得到积极的改善。

　　优秀的交易管理和资金管理技术水平是每一个成功交易者的灵魂。在介绍每一种形态时，我们已经讲述了很多交易管理措施。你可以花些时间再去回顾学习一下。我们建议你去把这些交易管理策略与你个人的交易风格、比较偏好的时间结构和适合你个性的市场合理地结合在一起。

　　在本章中，我们向你讲述具体的资金管理策略，包括计算每一次交易的仓位大小。

市面上有很多关于交易资金管理策略的好书。我们鼓励你在这方面多做一些深入的研究，以便于你彻底了解它对于你交易成功的重要性。我们想特别推荐的一本书就是肯尼斯·格兰特（Kenneth L. Grant）著的《交易风险管理：通过风险控制提高盈利能力》，它对各个层次的交易者都适用。

我们也讲述前面已经提到过的警示信号和确认信号。把这些当作交易技术的一个重要部分来学习能帮助交易者更好地管理交易；我们既可以根据这些信号坚定持仓，以图更大利润，也可以空仓等待市场出现进一步的确认信号，再行进场。

学会按胜算概率来思考。充分理解每一次交易的结果都有很大的随机性，好的交易策略都有一个统计意义上的积极预期。这种思维方式本身就需要一个学习过程。我们首先提到这一点是为了交易者能够更好地理解这个重要理念。

按胜算概率来思考

资金管理是风险控制的一个主要工具，提前预测哪些交易会盈利，哪些交易会亏损是不可能的。另外一个不能100%准确预测的就是某个盈利交易的具体利润大小。但交易的风险因素是可以控制的。大多数交易者都会很注重每一次具体的交易究竟可以获得多少利润，这是很自然的思维模式，但有一个比较重要的方面却经常被忽略，那就是：可能亏损多少资金。交易者必须学会注重控制每一次交易的亏损风险，这包括：

- 对于交易总资金，给每一次交易分配一个小比例的亏损额度。
- 使用止损保护。
- 及时获利了结。

理解交易者必须要坚持交易是很重要的，要不停地做，可以说，就像玩赌场的老虎机一样。我们不建议交易者过度交易，我们只是建议当他们的交易策略具有交易优势时，就要坚持按计划做好每一次交易。

我们在这里提到赌场老虎机是因为它们有一个相似的地方，那就是它们都具有一定的胜算概率优势。赌场具有这种优势，成功的交易者也具有这种统计意义上的胜算优势。赌场最擅于使用这种优势，所以它们从来不拒绝任何玩家。你可能曾经在赌场见过发牌员，但你或许从来没有见过（将来也永远不会见到）任何一个发牌员放弃一次某个玩家的赌博要求，或者任何一个发牌员违背赌场规则。然而，你在赌桌的另一侧，就可以看到玩家经常做相反的事情。决策是在情绪的基础上做出的，赌注越大，情绪越高。一般情况下，当玩家把情绪当作决策的基础时，他们就破坏了他们或许已经有的优势。赌场在时间上有一个积极的盈利预期，而随机的玩家有一个消极的盈利预期。

那么交易者怎样才能学会按胜算概率来思考呢？这不是一件一蹴而就的事情。首先交易者要用自己的理智来思考交易中的胜算概率，尽量摆脱情绪的影响。随着市场经验的积累和技术水平的提高，交易者会在正确执行一系列交易的过程中，逐步把这种思维方式融入到具体的交易操作中。最终，这种方式会成为一种非常自然的思维习惯。

马克·道格拉斯（Mark Douglas）在他的书《交易心理分析》中，详细描述了这个过程，并给出了很多优秀的练习方式，以便于交易者掌握按胜算概率来思考的方式。在本书后面的推荐书目中，我们向你推荐了这本书。

交易者必须确定他的交易计划，这样在严格遵循计划进行大量重复交易的过程中，就能够发现他的交易策略或计划是否具有优势。一旦交易者肯定他的交易计划具有统计意义上的优势，那么他就开始看到他的交易计划有让交易盈利的时候，也有让交易亏损的时候；他就会明白一个精心思考的优秀交易计划再加上可靠的资金管理策略究竟有多少价值。

有一件事可以确定，如果交易者改变了交易计划或策略的优势，比如进行不符合交易计划的随机交易，入场较晚、出场较早，等等，那他就很难掌握按胜算概率来思考交易的方式。你要做的是，采用这种思维方式去学习优秀的执行技巧和交易管理技巧，最终把交易计划的优势发挥出来。

警示信号和确认信号

以前曾经提过，交易者必须学会识别各种市场状态，它们可以降低某次交易成功的可能性，也可以提高它的可能性。我们采用具体的警示信号和确认信号来识别市场状态。

警示信号

下面列出的是我们使用的主要警示信号，它们要么阻止我们入场交易，要么提醒我们需要等待进一步的确认信号才能入场：

- CD 波段中的跳空缺口；
- 形态即将形成时出现的大幅蜡烛线；
- 靠近形态终点的光头收盘蜡烛线；
- 相对 AB 波段而言，CD 波段的斜率非常大，走势非常陡峭。

当准备入场交易时，交易者要仔细观察形态的结构，小心前面所述的各种警示信号。图 11.1 展现的是 Intel（INTC）日线图上出现的一个 AB=CD 形态。我们可以看到 CD 波段中包括一个比较大的跳空缺口、大幅蜡烛线和光头收盘蜡烛线。这些警示信号在告诉交易者这个股票向下的能量非常充足，价格可能会超越 D 点。CD 波段中由跳空缺口引起的价格下跌走势是非常陡峭和凌厉的，这也是一个警示信号。

第十一章 交易管理

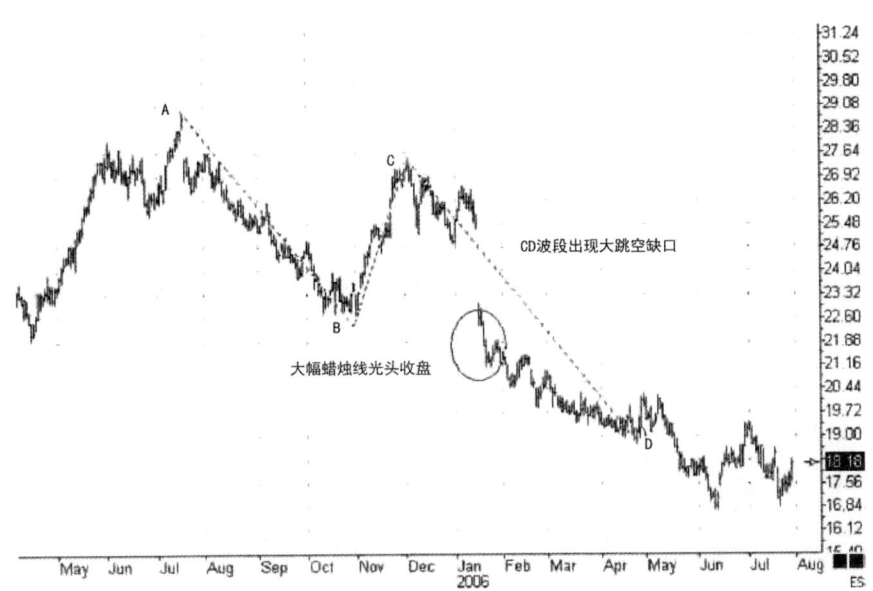

图 11.1 Intel（INTC）日线图出现 AB=CD 形态，CD 波段中出现的警示信号有：向下跳空缺口、大幅蜡烛线、光头收盘蜡烛线和 CD 波段本身较大的斜率

确认信号

现在我们来观察一下图 11.2 中 INTC 的日线走势，看看我们如何利用确认信号来寻找一个低风险的入场机会。我们主要使用的确认信号包括：

- 镊子顶或镊子底；
- 在预期交易方向上的跳空缺口；
- 在预期交易方向上的光头收盘蜡烛线或大幅蜡烛线；
- 确认蜡烛线——入场前等待的一根蜡烛线。

在图 11.2 的左侧我们可以看到图 11.1 中的形态终点 D 点，但这个 AB=CD 形态的最低点却比市场走势的最低点高了整整 2 个大点。如果交易者有足够的耐心去等待我们前面讲述的确认信号，那么他应该已经找到了一个低风险的入场点。

镊子底形态和向上跳空开盘是市场做空能量消耗殆尽的明显标志。交易中的风险可以通过把止损位设置在稍低于镊子底蜡烛线的位置来量化确定。

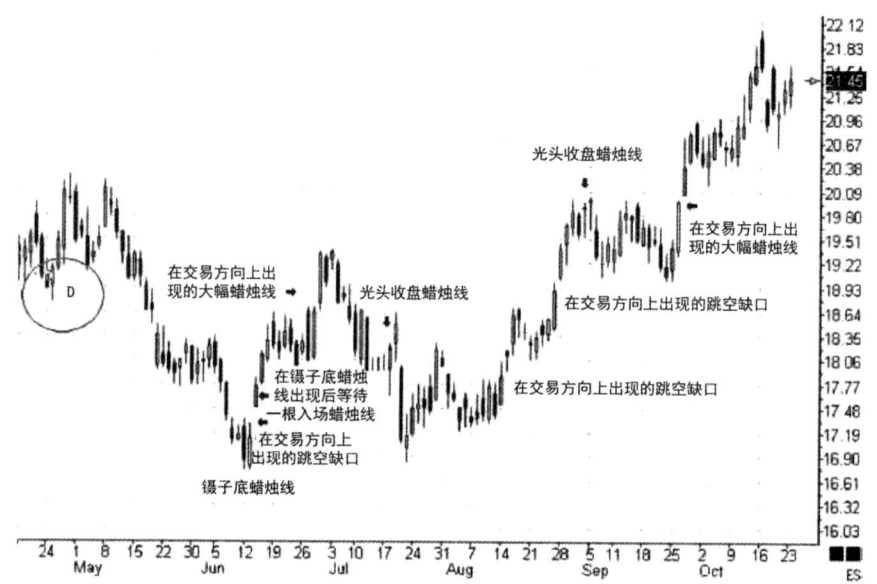

图11.2　Intel（INTC）日线图出现入场确认信号，交易者可以利用这种确认技巧来寻找低风险的入场点

一旦交易者看到镊子底蜡烛线、在预期交易方向上的跳空缺口或大幅蜡烛线，他就可以在他的时间结构上使用等待一根蜡烛线来入场的策略（也就是，日线结构上等待一根日线蜡烛线，5分钟结构上等待一根5分钟蜡烛线）。在图11.2的示例中，出现在镊子底蜡烛线后面的向上跳空开盘的日线就是入场蜡烛线。入场后交易者可以把止损位设置在稍低于镊子底蜡烛线的点位。这个入场点就是一个低风险入场交易的位置。

根据市场价格走势，当交易者有理由相信价格会超越某个形态终点的时候，就可以使用这个等待一根蜡烛线策略。这个策略永远不能确保某次交易盈利，但它确实是交易者可以在各种市场条件下使用的一个有力的工具。

我们看一个市场出现非常明显的警示信号的例子。图 11.3 显示了一个 AB=CD 做空形态。在市场形成形态终点前曾经连续三次出现跳空高开。市场以它特有的方式提醒我们市场具有非常充足的做多能量，而且多方正在控制市场方向。这些都是做空交易者必须要警惕的信号。放弃这样的做空机会是交易者正确的选择。市场总会提供回撤形态或加特利形态入场机会。我们还可以从图 11.3 中进一步看到，市场从形态终点开始继续上涨，而且有时候还是加速上涨，出现几次回调，但调整幅度都不大。如果一个交易者没有识别出这些警示信号，而且已经在形态终点入场做空，那么交易者可以使用我们在第十章讲述的趋势状态下反趋势交易的管理方法来管理这个做空交易。虽然我们没有在 CD 波段中看到光头收盘蜡烛线，但是市场中出现的跳空缺口和大幅蜡烛线已经足以引起交易者的注意。交易者没有必要非得看到所有类型的警示信号才决定空仓，或者等待市场进一步提供确认信。

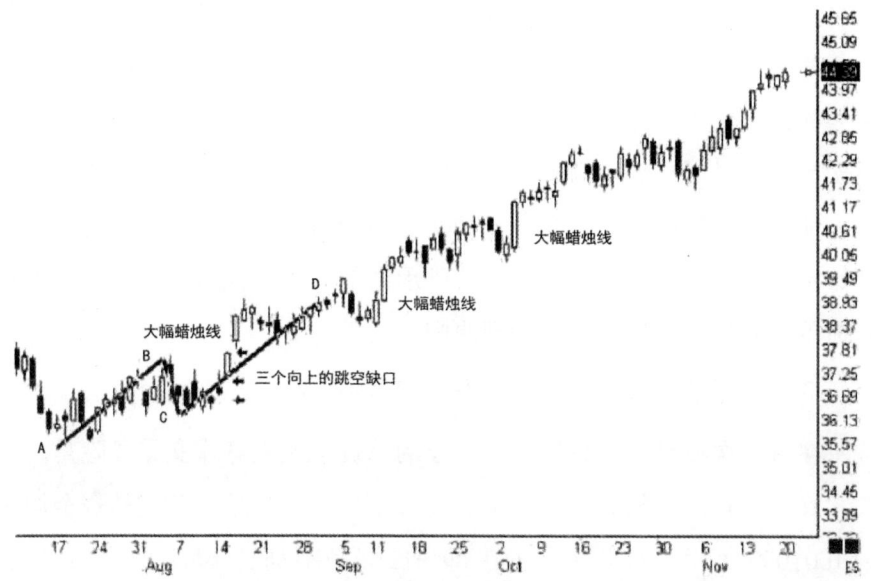

图 11.3　NASDQ-100（QQQQ）日线图上的 AB=CD 做空形态出现警示信号，三个跳空高开和大幅蜡烛线都是非常明显的警示信号

资金管理

资金管理是交易计划最重要的组成部分。它是控制亏损风险的工具，如果使用得当，交易者将会顺利度过一连串亏损交易的困难时期，不至于出现爆仓的危险情况。为了交易成功，你必须学会遵循你的交易计划，当然在编制交易计划时，你必须把资金管理策略包含进去。资金管理计划是以交易者对待交易的态度为基础的，我们再说一遍，交易者必须学会按胜算概率来思考，我们不可能提前确定交易的结果。对于本书中我们所讲述的各种形态交易来说，更是如此，因为当交易者按照可靠的交易计划去交易这些形态时，这些形态交易就会有一个积极的预期，但这些积极的预期并不意味着一定能获利。

不合理的资金管理策略有一个重要的缺点：它会给交易者带来情绪压力，这些情绪压力会增加交易亏损。这些压力可以表现为沮丧或者上瘾行为，比如酗酒或吸食毒品。为了防止这些破坏性极强的行为发生，交易者可以在交易中设立一些强制性的东西，以便于培养好习惯，例如一直要坚持使用止损单。

如果经纪人许可，交易者可以使用一种交易单指令结构组合，这样每次入场交易时，都必须设置止损单，否则经纪人不接受入场交易指令。纯粹电子化的交易不允许这种指令结构组合，因此在使用真实资金开始实盘交易前，交易者最好向自己承诺他会在每次入场交易时都设置止损单，而且永不违反资金管理原则。

把总资金的一个具体比例作为交易风险

在每一次交易中，只把一小部分的总资金比例算作交易风险是一个非常好的防止爆仓的办法。为了讲述方便，我们暂且把总交易资金假定为100,000美元；如果交易者在每一次交易中都冒100%的亏损风险，在一次交易失败的情况下，他就会亏掉所有的资金；如果交易者在两次交易中都冒50%的亏损风险（相当于每次都是50,000美元风险），在这两次交易都失败的情况下，他就会亏掉所有的资金。

由于交易是一种以胜算概率为基础的游戏，我们知道总会有一连串盈利的时候，也总会有一连串亏损的时候。但是，我们不知道哪个会在交易中先出场，为了能避免爆仓，在这个游戏中玩得长久一些，我们只能合理规划使用我们的交易资金。这也是为什么每一次交易我们只能亏损一小部分资金的原因。

我们建议在任何一次交易中所冒的亏损风险应该在总资金的1%到3%的范围内。这种风险比例将会避免在任何一次交易上出现灾难性的巨幅亏损。对于100,000美元的交易资金，1%的风险比例就相当于1000美元，如果交易者做一次交易亏损1000美元，他需要连续亏损100次，才能把所有的资金亏掉。如果使用3%的风险比率，在交易者做一次交易亏损3000美元的情况下，他大约需要连续亏损33次才能把资金消耗殆尽。

新手交易者应该使用1%的风险比例，当他获得更多的经验时，他可以考虑使用3%的风险比例。我们不建议在任何一次交易中使用超过3%的风险比例。市场上出现的交易机会或许非常明显，交易者可能觉得这个交易机会不会产生亏损，但是这次交易仅仅是众多交易次数中的一次，不值得冒那么大的风险。有一句古老的交易格言：**永远不要尝试有可能爆仓的暴利机会——你可能就要爆仓。**

本书讲述的各种形态的最大好处之一就是：在形态结束前，你就可以根据你计算出的亏损风险、止损位和获利目标开始交易这些形态。图11.4展现的是在使用3%的总资金亏损风险比例的情况下，如何计算交易仓位的股票数量。我们假定总交易资金是100,000美元，下面列出的就是这个数量的计算步骤：

1. 100,000×3% = 3000 美元，这就是这次交易所冒的亏损风险总量。

2. 入场点在37.50美元，每股止损空间2.00美元，止损位在35.50美元。

3. 我们用亏损风险总量 3000 美元除以每股止损空间 2 美元。

4. 3000/2.00 = 1500 股，这就是我们要在这次交易中买入的股票数量；在使用 3% 风险比例和每股止损空间为 2 美元的情况下，100,000 美元的交易资金可以交易 1500 股股票。也就是说，1500 股股票在 35.50 美元价位处止损时亏损是 3000 美元。

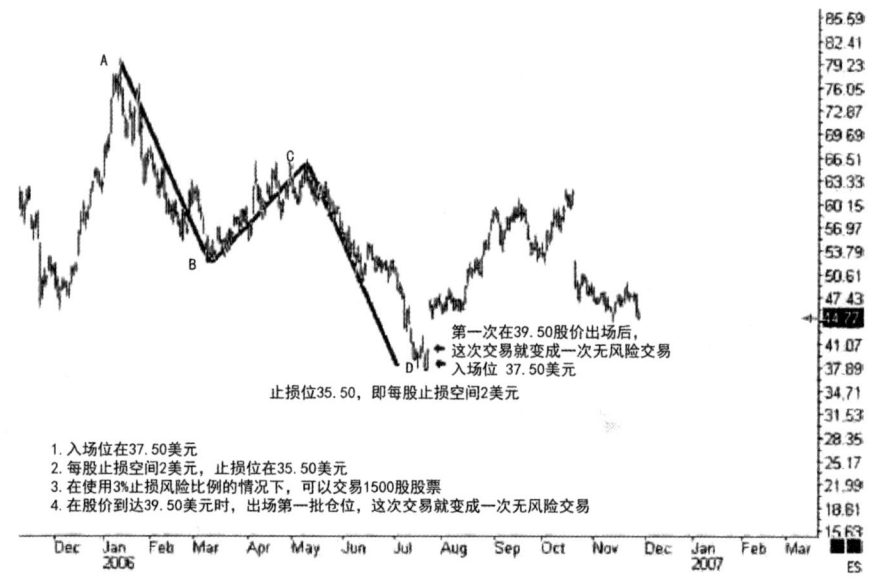

图 11.4　Sandisk 公司（SNDK）股票市场日线图：计算这个 AB = CD 做多形态交易的股票数量

在这个示例中，交易者可能亏损的最大数量是 3000 美元，也就是 3% 的总资金。我们永远不要使用超过 10% 股价的止损空间。比如，在股价为 50 美元的情况下，我们不会去使用 5 美元的止损空间，大约 5% 的比例通常是比较合理的。我们在本书中已经说过很多次了，我们要在这里再说一次：如果某次交易的风险太大，我们就应该放弃这次交易机会，去找风险适中的交易机会。

在前面章节中我们讲到过，可以使用几种方式确定出场位。如果我们采用与止损空间相等的数量（本例中是 2 美元），那么第一出场位就是 39.50 美元，在第一次出场后，要把止损位调整到盈亏平衡点，这将会使我们获取与最初止损空间相等的利润，把止损位调整到盈亏平衡点后，这次交易就变成了一个无风险交易。

- 在使用 2% 的风险比例情况下，这次交易所冒的风险应该是 2000 美元，应该交易的股票数量是 1000 股。
- 如果使用 1% 的风险比例，对应的亏损风险是 1000 美元，应该交易的股票数量是 500 股。

每个交易者会有一个不同的风险比例水平。提前确定你每次交易的总资金风险比例是很重要的。

交易者可以计算每次交易的股票数量或合约数量。如果由于亏损而使账户余额下降，交易者必须降低风险比例；如果账户余额增加，交易者可以提高风险比例。这可以确保当交易者出现一连串亏损交易时，他可以使用更小的仓位；当出现一连串盈利交易时，交易者可以交易更大的仓位。最重要的是它可以防止交易者把自己的账户亏损殆尽。

下面我们总结一下交易者要提前计算的东西：

- 在预先确定的风险比例基础上，计算亏损风险数额；
- 确定止损位的价位，决定如何设置止损单；
- 获利目标位；
- 如何调整或追踪止损位。

现在我们来看一个例子，有个交易者想交易 S&P E-mini 股指期货，他最初的账户资金是 20,000 美元（我们想在讲解这个例子前提醒诸位一点，很多经纪公司打广告说，日内交易 S&P E-mini 股指期货只需用很少的保证资金，大概是可以用 1000 美元交易一手 S&P E-mini 股指期货合约。基于此，使用 10,000 美元账户的交易者或许会认为他可以交易 10 手合约。对于不是特别有经验的交易者来说，使用那样的资金管理措施，他很可能会爆仓。这些类似的广告是无关紧要的，与我们要计算和使用的可靠的资金管理策略没有任何关系）。

对于图 11.5 中出现的加特利做空形态交易机会，我们可以使用以前我们使用过的方法来计算合约手数。这次交易入场点在 1405.50，止损位设置在稍高于 X 点的位置，即 1407.75。它对应的止损空间是 2.25 点，相当于每手亏损 112.50 美元。假定账户资金是 20,000 美元，我们按照新手可以使用的 1% 风险比例来计算一下合约手数：

1. 20000×1% = 200 美元，这是这次交易的亏损风险总量；

2. 入场点位是 1405.50，止损位设置在 1407.75，止损空间是 2.25 点，即每手预估亏损为 112.50 美元。

3. 本例中，亏损风险数额是 200 美元，每手预估亏损为 112.50 美元，我们用 200 除以 112.5 就得出可以交易的合约手数。

4. 200/112.50 = 1.7，你把这个数字取整，结果就是 1，就是说在使用这种风险比例的情况下，你可以交易的合约手数是 1 手。

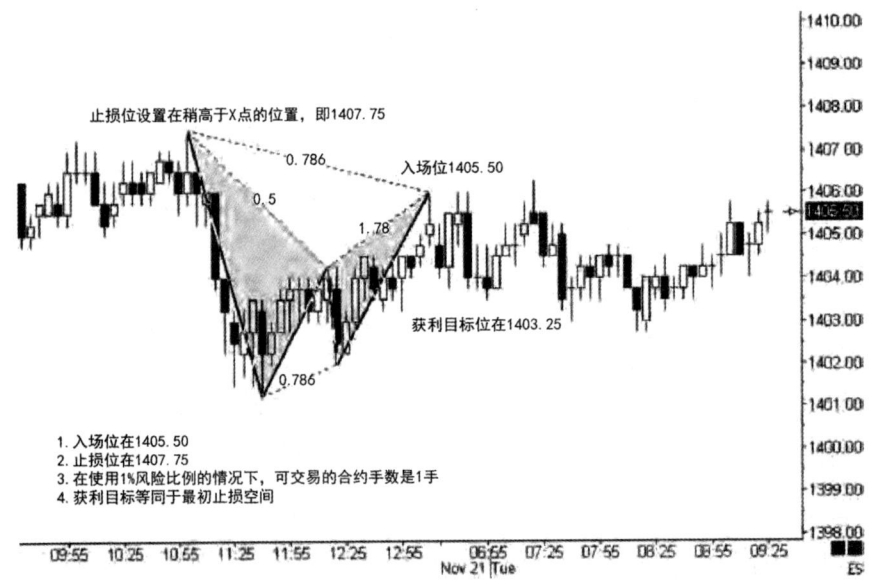

图 11.5　S&P E-mini 股指期货 5 分钟图，计算加特利做空形态交易机会的合约手数

交易者在这次交易中可能亏损的最大金额是 112.50 美元。在账户金额增加到可以再加一手合约之前，交易者只能交易一手合约。这对于

新手交易者有一个好处，他在这个时候可以练习执行技巧。由于新手交易者还没有足够的市场经验，他很可能会在一些交易上产生亏损。开始交易的时候要把风险比例控制得小一些，注意积累交易经验。

在这个特定的案例中，交易者可以按照止损空间大小来设定获利目标，也就是把获利目标位设在 1403.25，它对应的利润是 2.25 点，一手合约的利润就是 112.50 美元。

- 如果这次交易中采用 2%的风险比例，亏损风险数额就是 400 美元，那就可以交易 3 手合约。
- 如果采用 3%的风险比例，亏损风险数额就是 600 美元，那就可以交易 5 手合约。

如果这次交易的止损空间达到 5 个点，即每手预估亏损 250 美元，交易者就要放弃这个交易机会，等待下一次具有适中风险的交易机会。因为 250 美元的亏损超过了 200 美元这个亏损风险数额。但使用止损空间太小的止损位也是错误的，它将导致不必要的亏损，会给交易者的心态带来很大的压力。合理设置止损是一种技巧和艺术。

每一个交易者都要根据他的风险偏好和交易经验来确定具体的亏损风险比例。另外一个比较重要的地方就是，交易者同时开仓的交易品种的数量。交易者经验越少，越应该交易较少的品种。最难受的教训就是，在实盘交易中眼看着几个品种的仓位同时开始亏损。

如果同时交易一个以上的品种，交易者应该考虑最坏的情况。他应该知道在最坏的情况发生时，他的账户能承受多大亏损。我们的建议是针对一两个市场品种，注重学习研究一两种形态。在你比较熟练以后，会有机会交易更多的市场品种和形态。

下面列出的是可以摧毁交易者账户的几种错误。它们都是违反资金管理策略的典型：

- 不设置止损单。这将会使小亏变大亏，它是交易中最主要的过错。
- 过度交易。交易者不遵循自己的交易计划进行随机交易，或者同时交易很多品种。
- 为了避免亏损调整止损位。永远不要随意调整提前确定好的止损位。
- 超过总体交易资金的亏损风险数额。
- 不及时获利了结。这一点让获利的交易变成了亏损的交易，应该绝对避免。

在本章结束的时候，我们给你留下最重要的规则：

规则一：一直要坚持使用止损；

规则二：永远不要违反规则一。

第十二章　斐波那契比率和形态在权证上的应用

本章讲述如何利用扩展形态来进行权证交易，这些扩展形态包括蝴蝶形态或者 1.272 与 1.618 外延回撤形态。我们假定你对权证知识比较了解，知道它们是如何运作的。如果你不了解，我们建议你参考芝加哥权证交易网站：www.cboe.com，这个网站提供各种权证培训资料，适合各种级别的权证交易者，其中有些资料可以免费下载。

认购权证和认沽权证

认购权证允许购买者或拥有者在规定的期限内（比如，在行权到期日以前）按照一定的价格（行权价）购买（这不是强制义务，可以不买）标的股票、标的商品或标的股指期货合约。认购权证的发行人，就是权证的销售方，在购买者有行权要求时，有义务按照行权价卖出标的股票、标的商品或标的股指期货合约。

认沽权证允许购买者或拥有者在规定的期限内（比如，在行权到期日以前）按照一定的价格（行权价）卖出（这不是强制义务，可以不卖）标的股票、标的商品或标的股指期货合约。认沽权证的发行人，就是权证的销售方，在购买者有行权要求时，有义务按照行权价买入标的股票、标的商品或标的股指期货合约。

权证价格影响因素

很多因素可以决定和改变权证价格。既然权证是标的物的金融衍生品，那么它的价格与标的物是直接相关的，这些标的物可以是股票、商品或者股指期货合约。下面列出的是影响权证价格的重要因素：

- 标的股票、商品或股指期货合约的价格。
- 行权价——它可以是折价、平价或溢价。请参考图12.1和图12.2。
  ◇ 对于认购权证来说，折价指的是当前市场价高于行权价；对于认沽权证来说，折价指的是当前市场价低于行权价。
  ◇ 平价指的是当前市场价等于行权价，这对于认沽和认购权证都是一样的。
  ◇ 对于认购权证来说，溢价指的是当前市场价低于行权价；对于认沽权证来说，溢价指的是当前市场价高于行权价。

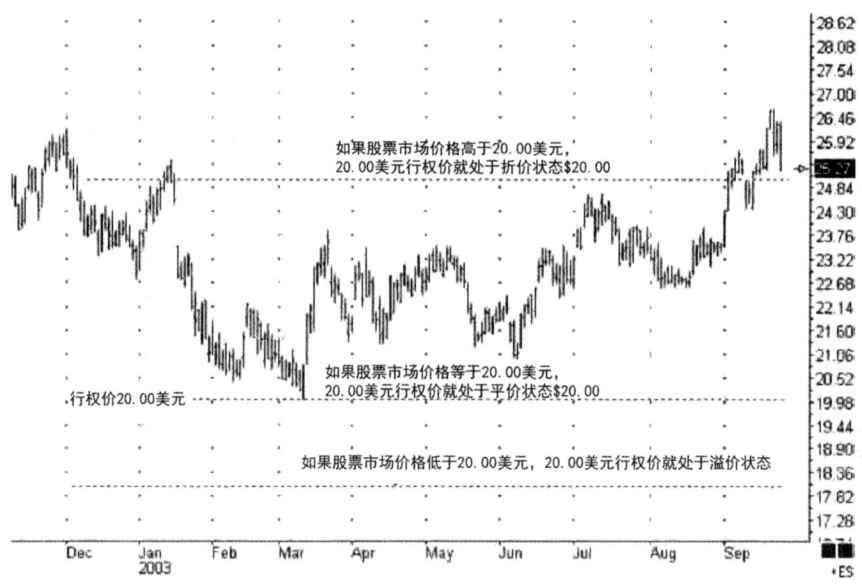

图12.1 微软（MSFT）股票日线图展示认购权证的折价、平价和溢价

第十二章 斐波那契比率和形态在权证上的应用

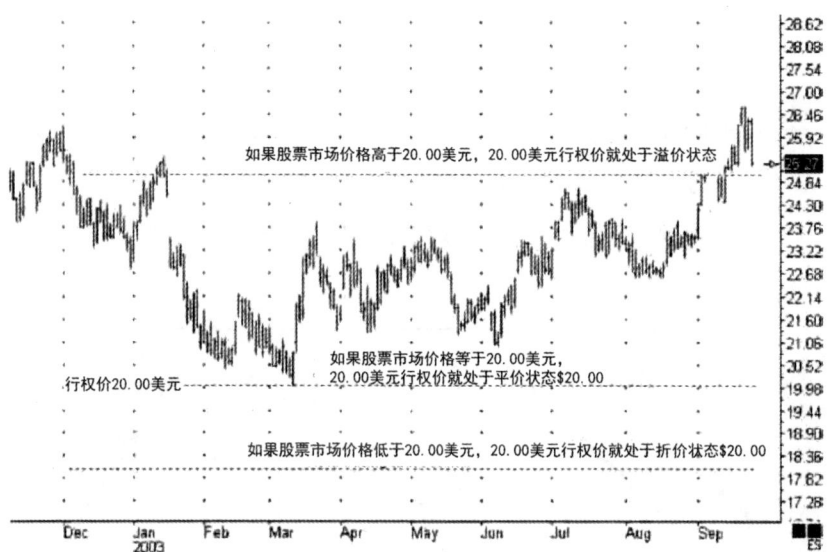

图 12.2 微软（MSFT）股票日线图展示认沽权证的折价、平价和溢价

- 行权到期日前的时间——时间价值被计算在权证价格内，随着到期日的临近，时间价值逐渐消失。
- 标的物的价格波动——按照惯例，标的物波动性越大，权证价格波动性越高。
- 在权证存续期间的标的物的红利支付。
- 利息，长期利息和短期利息都会影响权证价格。
- 未结清权益或开放性权益，就是指相对于一个特定的行权价和到期日而言，某个权证上存在多少权益。如果存在较高的未结清权益，那么就可能会有大量的场外资金推动权证价格。权证购买者想要购买的就是那些具有相当高未结清权益的权证。

权证策略和风险控制

使用权证的方法有很多种，但我们在这里仅注重一个简单的权证策略：

- 在大时间结构做多形态基础上，当标的物市场存在较大的上涨空间时，买入认购权证。
- 在大时间结构做空形态基础上，当标的物市场存在较大的下跌空间时，买入认沽权证。

图 12.3 展现了我们使用认购和认沽权证的时机。

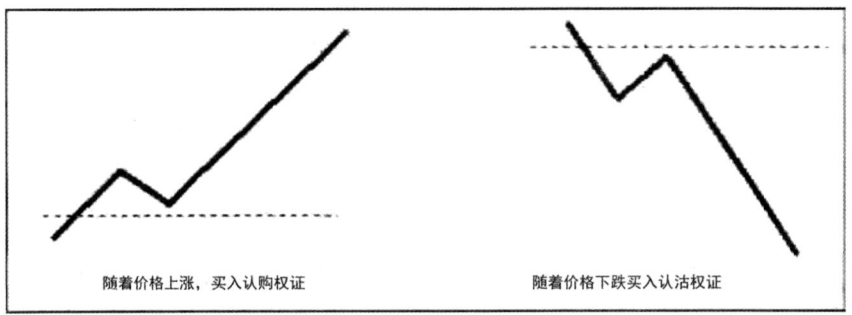

图 12.3 预期价格有较大上涨时买入认购权证，预期价格有较大下跌时买入认沽权证

在市场可能出现较大级别的反转点时，买入权证的主要原因是它们提供的杠杆作用。可以使用交易资金的一小部分买入权证。当标的物的市场在预期方向有较大变动时，权证价格可能会暴涨，权证投资者较小的投入可能会带来一个丰厚的回报。

需要提醒的一点是大约85%的权证到期时一文不值。因此，交易者只能使用很少一部分交易资金去投资权证。当使用这个权证策略时，交易者的亏损风险就是购买权证的全部费用。如果权证交易失败，权证到期时一文不值，那么购买权证的所有费用就是权证交易的全部的亏损。这给交易者提供了一个使用有限的风险博取丰厚利润的机会。交易者必须根据总体资金管理计划来使用这种权证策略。

根据扩展形态应用权证交易策略的案例

我们喜欢根据扩展形态（像扩展形态或者1.272与1.618外延回撤形态）应用这种权证交易策略的一个重要原因是：在这些形态的终点权证价格通常比较低。当日线或周线这些大时间结构上出现扩展形态时，市场通常会有多方或空方的过度宣泄，比如在做空形态的终点附近会有多方的过度宣泄，在做多形态的终点附近会有空方的过度宣泄。这都会使溢价权证在外力作用下到达接近崩溃的价位。

我们的策略就是在这些形态的终点附近买入溢价的认购或认沽权证。虽然很多时候我们直接交易股票或期货时，算准入场时机是一种优势，但在这种比较振荡的市场状态下，我们没有必要非得在某一个确切的入场点买入权证，这也给我们完成交易提供了充足的时间。

我们来看两个例子，一个是买入认购权证，最终获利出场；一个是买入认沽权证，最终权证到期一文不值。

购买美豆认购权证

如图12.4所示，八月底，在1.272做多扩展形态终点附近买入认购权证。这时候美豆的价格在每蒲式耳5.50美元左右，12月份的溢价认购权证的行权价是600美分，买入价在2.00美元左右，对每手权证来说就是200美元。12月份的到期日为市场提供了充足的上升时间。

在持有权证仓位的两个月期间内，权证价格没什么大的变动，但随后，美豆开始进入上涨趋势状态，权证跟着上涨。我们可以把前面章节讲过的交易管理策略用在权证交易上。随着权证从溢价状态转变到平价状态，美豆价格到达每蒲式耳600美分的行权价附近，0.618回撤位提供了第一个非常好的出场位。一个比较好的交易管理策略是在权证到达价格翻倍的位置后出掉一半仓位。本例中，认购权证的买入价是每手200美元，一旦权证价格到达每手大约400美元时就卖出一半权证仓位。这样可以减少这次权证交易的风险，即使另外一半到期一文不值，整个交易也没亏损。

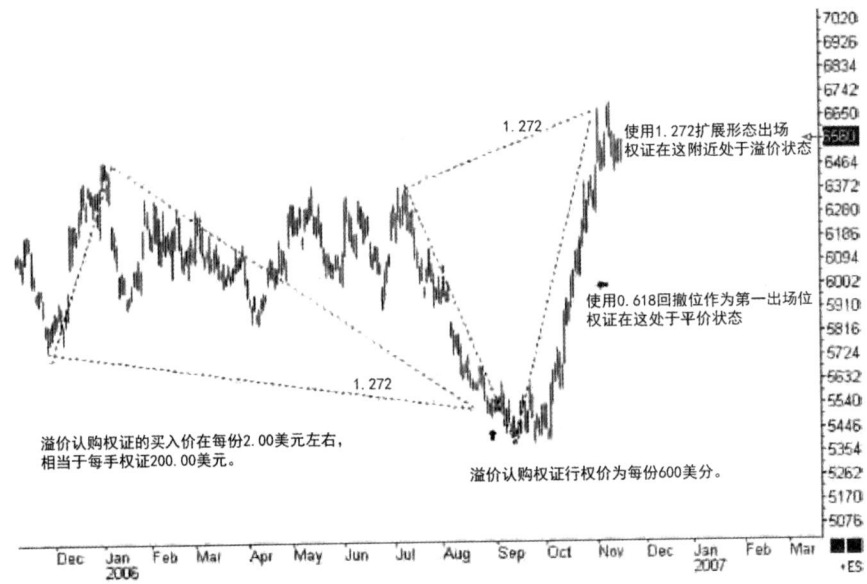

图 12.4　美豆日线图：在 1.272 扩展形态终点附近买入溢价认购权证

在美豆市场到达 1.272 扩展形态的终点时，权证已经由平价状态变成折价状态；最后的行权日也快要到了，权证的价格基本上都变成了内在的价值，比最初的买入价已经高了两倍。最后一半权证仓位可以在这个时候出掉，获取非常丰厚的利润。

买入 S&P 500 认沽权证

虽然在这个认沽权证交易中使用了同样的交易策略，根据大时间结构扩展形态买入溢价认沽权证，但结果却不像前面的美豆认购权证交易。这个认沽权证的买入价在每手 850 美元左右。像这样的股指期货权证价格通常比其他权证价格高一些，我们尽量在每手权证价格低于 1000 美元时才买入它们。

第十二章 斐波那契比率和形态在权证上的应用

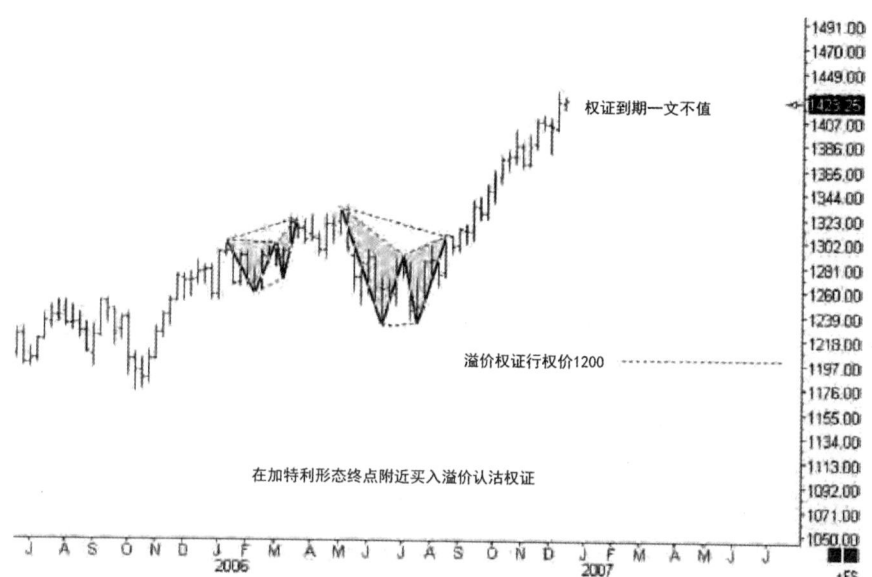

图 12.5 S&P 500 周线图：亏损的认沽权证做多交易，权证最终变得一文不值

你可以从图 12.5 中看到，蝴蝶形态是扩展形态，但在第一个加特利做空形态接近形成时才买入认沽权证。后来出现的加特利形态高点形成了对前面蝴蝶形态高点的再次确认，市场随后可能出现一个大幅调整性下跌走势。但是，现实的市场却重拾升势，继创新高，这些权证最终变得一文不值。

当交易权证时，要一直坚持使用严格的资金管理策略，每次交易都仅使用一小部分的账户资金。正确使用这种权证交易策略，权证交易就可能带来丰厚的利润，另外也避免了因直接交易处于剧烈震动时期的标的股票、商品或股指期货市场而带来的交易风险。权证交易需要交易者具有适时的谨慎和对权证本性与价格规律的深刻理解。

第十三章　交易计划

　　制定一个可靠的交易计划是交易成功的关键。交易计划为交易者的交易提供了准则、侧重点和方向。在交易难以入场或连续亏损的困难时期它会给交易者提供极大的帮助。交易计划可以帮助交易者辨别不成功的交易是由市场状况引起，还是由交易失误引起。交易计划就像一个保持平衡的工具，它可以使交易者回到正常的轨道，继续遵循和执行可靠的交易原则。

　　一个完善的交易计划能够帮助交易者清晰地看到交易过程中出现的问题：它能够从一个客观的角度分析交易亏损的原因，以便于及时做出相应的调整，减少不必要的亏损；它也能够客观地分析成功获取大段利润的原因以及如何进一步提高利润。

　　作为交易者，我们一直都在寻找能帮助我们把利润最大化、把风险和亏损最小化的最佳工具。一个完善的交易计划就是我们的最佳工具之一，它可以帮我们实现这两个目标。

　　本章中，我们把交易计划分成三个部分：

　　1. **日常交易计划**——确定我们交易什么和怎样交易。

　　2. **商务计划**——对你在交易事业上的费用进行一个总体的分析和计划。

　　3. **灾难应急计划**——在无法预见的事情和情况突然出现时，作为行动指南。

交易计划是可以随着时间改变而修改的。持续成功的交易会要求进一步细化和明确你的执行技巧和你的资金管理策略。早一点行动起来制定和完善交易计划会把交易者早一点送上把交易当成一项事业的光明大道。

日常交易计划

交易计划的深度和范围主要取决于你当前的交易水平。你的交易经验和水平越高,你越能制定出比较完善的交易计划。

对于一个交易新手,从一些简单的基础方面入手是比较合适的。随着你交易经验的积累和水平的提高,交易者可以不断地在最初交易计划上追加新的内容。我们在下面一部分开始介绍交易计划的基本内容,以便于帮助你开始制定你的交易计划。

交易计划的基本内容

针对你正在交易的市场品种,我们在下面列出几条交易计划的基本内容:

- 确定你将要交易的市场品种。
- 确定你将要使用的具体交易机会。
- 确定交易入场点。
- 确定破坏交易机会的市场条件。
- 确定要交易的股票数量或合约手数。
- 根据资金管理策略确定这次交易的亏损风险数额。
- 确定止损位。
- 确定获利目标,确定什么时候和怎样调整止损位。

把这个列表当作你制定交易计划的检查表,直到你对它们非常熟悉为止。一个值得培养的好习惯就是把这些内容直接写在你即将要交易的市场走势图上。图13.1就是一个在价格走势图上直接写出基本交易计划的例子,你可以直接把它当成一个检查表来使用。

第十三章 交易计划

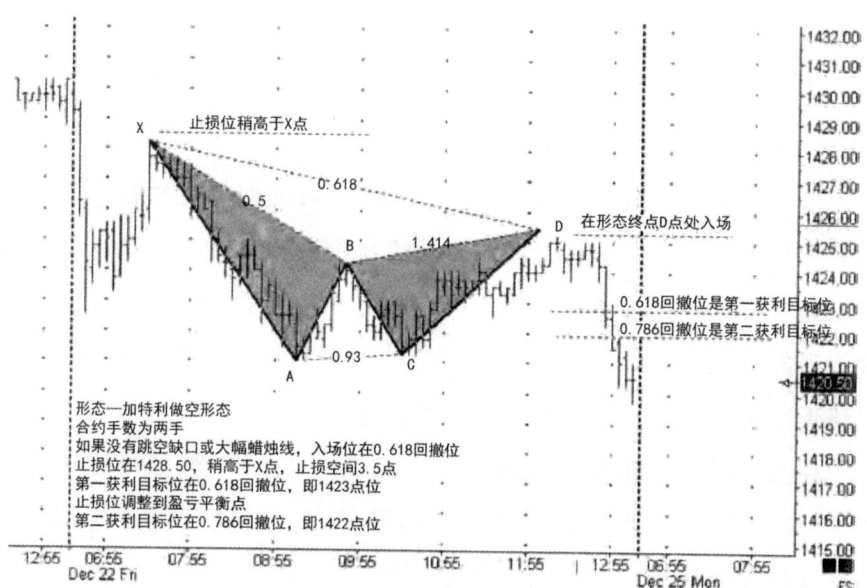

图13.1 S&P E-mini 5 分钟图出现加特利做空形态。直接把交易机会写在走势图上。

我们假定交易者要根据 5 分钟图交易 S&P E-mini 股指期货市场，准备交易的形态是加特利形态，交易者已经很谨慎地计划了如何入场和市场出现什么状态会破坏这次交易机会。在形态尚未形成，市场价格没有到达形态终点以前，交易者可以列出这次交易计划的基本内容。我们建议当这个形态正在形成的过程中，把这张走势图打印出来，直接用笔写上针对这个形态交易的交易计划。

这样做将会达到几个重要的目标：

- 把交易者的注意力集中到将要做的交易上去，严格遵守交易计划。
- 确定交易入场的具体原因。
- 提前计划出交易者会在哪些时候采取什么操作，以及如何执行交易管理措施。

- 确定了交易者必须为这次交易承担的具体风险，以便于他提前确定这次交易的风险是否是可以接受的。

遵守交易计划是非常重要的。一直坚持这样做会在很大程度上帮助你一次接着一次进行交易。

当市场正在实盘交易时，这种练习将会帮助交易者执行提前计划的各项具体操作，这将会帮助减少情绪化的决策。如果情绪化的决策和操作违反了最初的交易计划，那么交易者在随后的检查中可以把这种错误的决策和操作当成一个反面教材，利用这一点找到影响情绪的具体形态，最终避免情绪化的决策和操作。

在盘后看一个静态的市场走势，判断该如何操作总是比较容易的。但在一定程度上，交易者在形态形成之前就要开始分析研判市场，这样才能积累经验，提高交易水平。

在市场实盘交易中，交易者心态会受到价格波动的各种干扰，从而导致对交易机会的误判。从这个意义上说，在交易前交易者做的计划越详细，准备越充分，他积累的经验越多。这也会帮助交易者学会按胜算概率来思考。

你可以看到，在交易前，检查表上的所有项目都被确定下来。多花些时间连续，你就能在计划交易、执行交易和管理交易上提高水平。

马克·道格拉斯在他的书中准备了一个非常好的训练项目，它通过20次样本交易来检验交易的最终结果，达到帮助交易者提高交易水平的目的。

这项训练要求交易者使用同样的交易机会，在没有交易失误的情况下，进行20次交易。交易者要确保根据同样的机会连续进行20次交易，而且尽可能不出现任何交易失误。这可以帮助交易者识别这种交易策略或执行能力的缺点。如果他们在20次交易训练中出现错误，他们就要再次确定目标，继续执行训练计划。图13.2是一个记录这

20次样本交易训练的一张工作表格，你可以参考使用。

选定进行20次交易的具体形态，交易者可以通过记录表格来判断这种形态的确切优势。这使他们能够客观地评价他们执行形态交易后的实际盈亏结果与这种形态交易应该达到的盈亏结果之间的差距。如果二者之间有较大的差距，他们就可以按照交易计划采取改进措施继续交易这种形态。

这也给交易者提供了一个仔细观察自己交易过程的机会，看看自己是否存在出场较早、入场较晚、没有合理调整止损位以及其他一些常见的交易失误，这些失误都不利于交易水平的提高。认真追究这些问题对于改善交易结果是一个非常不错的办法。

可能会存在这样的例子，在S&P E-mini市场上做完20次交易后，某种交易机会应该产生50点的利润，但交易者由于出现交易失误只获得了15点利润。这给交易者提供了非常有价值的信息。他应当立即找出这些失误，采取整改措施，补上这些交易漏洞，以避免再次出现同样的失误。

请记下图13.2的表格上方的话："所有交易者获得的利润都是他们觉得自己应得的利润。交易就是一项积累财富的运动。一旦我们学习了如何交易（判断机会，执行交易），就只有我们自己对我们的交易账户负责。"（马克·道格拉斯）

> "所有交易者获得的利润都是他们觉得自己应得的利润。交易就是一项积累财富的运动。一旦我们学习了如何交易（判断机会，执行交易），就只有我们自己对我们的交易账户负责。"
>
> ——马克·道格拉斯

	日期	市场品种	利润	亏损	盈亏为零	点数
1	/					
2	/					
3	/					
4	/					
5	/					
6	/					
7	/					
8	/					
9	/					
10	/					
11	/					
12	/					
13	/					
14	/					
15	/					
16	/					
17	/					
18	/					
19	/					
20	/					
	注解					

来源：马克·道格拉斯，《交易心理分析》(纽约：纽约金融学院/普伦蒂斯—霍尔，2000年)

图13.2　20次样本交易汇总表

追踪记录交易结果

我们说过,交易计划会让交易者的注意力集中在他应该做的事情和交易过程的每一个环节上。把交易者交易的统计结果加入到交易计划中,对于交易者是非常有利的。请你试想一下,如果交易者没有借助一个系统来帮助自己发现问题或者总结优势,那他怎么能够认认真真地做这些事情呢?每个交易者都应该建立一个客观地收集交易数据的系统。就像一个科学家要想完成一项实验,如果不收集和分析数据,那肯定是不行的。

我们知道,每个专业运动员为了训练出好成绩,他们都很注重收集分析他们的训练结果数据。交易者与运动员在一定程度上有很大的相似性。因为在交易这个以结果定输赢的竞技场上,影响交易成功与否的因素非常之多,因此交易者也要认识到每一个交易数据对于最终交易的成功与失败来说都是很重要的,我们要学会收集和分析它们。

在实盘交易中,多空双方的交易战争是非常剧烈的,很多事情都是在瞬间完成的。交易者所采取的每一个动作要么是有利于获利,要么是有利于亏损。在每一天、每一周或者每一月结束的时候,交易者很容易忽视一些影响交易结果的重要信息。

交易者或许不记得,或许会为严重影响交易结果的某一次随机交易或者别的交易失误找理由来开脱自己。交易者使用一些监督他们具体操作表现的系统是很重要的,培养良好的交易习惯也是很重要的,它们能强化我们的优势,弱化我们的缺点,建立一个这样的系统只能会使交易者收益。它会让交易者认识到交易计划的重要性,并从中分辨出哪些交易或操作没有遵循交易计划。

在实际交易中,非常有意思的是有时候交易上出现的失误也能获利。这些操作会强化交易者的坏习惯。这样的盈利会培养一种错误的自信。交易者会因此而以为如果这样做成功一次,它就会成功第二次。遗憾的是,事情的结果通常不是这样的,交易者最终会付出代价。

定期查阅以前的交易记录可以让交易者更客观地看到哪些地方需要

调整。它是一次改善交易结果的机会。我们向你推荐肯尼斯·格兰特著的《交易风险管理》和布里特·N.斯蒂恩博格（Brett N.Steenbarger）著的《提升交易绩效》这两本书。它们都是建立这种信息系统的指南。

分析交易结果统计数据

在交易者的交易结果统计数据内有一种情况可能会被忽视或者很难被发现，那就是虽然在某一个月内交易者所有交易次数中获利交易次数占的百分比（成功率）大于70%，但是他的最终盈亏情况仍然是亏损的。这说明在控制亏损方面可能有问题，或没有遵循交易计划过早获利了结，或者这两种情况都有。也可能是存在很多亏损的随机交易，把那些符合交易计划的交易利润吃掉了。不论是哪种情况，交易者都必须仔细查找原因，然后"对症下药"，确定解决方案。

统计数据也可能发现过度交易的问题。每天、每周和每个月的交易次数可以帮助交易者找出这方面的问题，交易者可以根据这个问题的原因确定具体的解决办法。建立一套系统对比交易者正在执行的交易操作和他应该执行的交易操作会极大地帮助交易者提高交易水平。

可能出现的另外一种情况就是利润回吐。如果交易者发现在日内的某些个别时段经常出现利润回吐，那他就需要确定是不是在做反趋势交易时对原有趋势的状态没有正确判断。

通过交易结果统计数据，交易者可以了解很多方面的信息，并因此而受益。下面列出的是做数据统计时的一些基本项目，交易者可以根据自己目前的技术水平和需要来选择使用。

- 盈亏次数比率（获利单子的数量除以亏损单子数量）。
- 每天交易次数。
- 合约手数或股票数量。
- 盈利交易次数。
- 亏损交易次数。
- 盈亏为零的交易次数。

可以把它们进一步分解为：

- 盈利交易次数——做多交易。
- 亏损交易次数——做多交易。
- 盈利交易次数——做空交易。
- 亏损交易次数——做空交易。
- 盈亏为零的交易次数——做多交易。
- 盈亏为零的交易次数——做空交易。

确定盈亏钱数是比较重要的。

- 获利金额。
- 亏损金额。
- 每股或每手合约平均获利金额。
- 每股或每手合约平均亏损金额。

方便交易者查询的其他项目包括：

- 连续盈利交易的数量。
- 连续亏损交易的数量。
- 连续盈利的天数。
- 连续亏损的天数。
- 每次交易的平均盈利。
- 每次交易的平均亏损。

查询分析交易结果统计数据将会发现一些别的方法发现不了的情况。例如，交易者或许一直保持一个65%的交易次数成功率，某一段时间突然下降到50%，交易者会问自己："我要到哪里寻找原因呢？"如果他有一个详细的数据统计，他就不会问这样的问题。

另外一个情况可能是交易者一直保持一个65%到70%的成功率，在成功率没变的情况下，他突然发现某一个月的交易出现了较大的亏损。相反的情况是，交易者某个月的交易次数成功率可能下降到50%，但盈利没什么变化。

这些统计数据信息可以用来确定交易者什么地方做的对，什么地方还存在失误，以便于交易者及时做出调整。这些信息也可以提醒交易者市场环境的变化，或许交易者要因此而调整最初的交易计划。如果交易者的交易计划中没有这样一个数据统计系统，那么他将会很难改善他的交易情况。

商务计划

交易是一项业务，要像对待其他行业的业务一样对待它。学习交易和实际从事交易都会有费用发生。每一个人在冒险从事交易前都要仔细看清这一点。

在这一方面做一些商务计划会帮助你评估相关的费用。我们在这一节中介绍与交易有关的各项费用，也会讲述年度商务计划，我们要把它融入到整个交易计划中去。

交易培训

虽然存在例外情况，但要想学习交易并达到一个以交易为生的水平，你就要有时间去学习，去接受交易培训。在交易者找到一个适合自己个性的交易策略并把它融入到自己的交易风格以前，还需要花费相当数量的金钱去探索各种交易策略。

在学习交易前，拟定一个学习计划是比较有意义的。你有很多种途径去学习各种交易策略，比如：

- 现场课和研讨课。
- 交易展示会。
- 书籍、杂志和报纸。
- 网站。
- 现场交易室。
- 培训和指导课程。
- 函授课程。

交易新手在学习的过程中，有可能会采取上述的几种方式。交易者应该调查一下每一种方式的费用，最好制定一个预算计划。比如，交易者第一年可以预留 3000 到 5000 美元的学习培训费用。其中一部分可以用于现场课或研讨课和参加一个现场交易室，一部分用于购买书籍和订阅杂志。根据交易者的实际水平和教育需求，每年的教育费用都要重新估算。

如果交易者选择参加现场交易培训，那很可能就要考虑增加的旅行费用。

经常有人问我们："多久才能学会成功交易？"这不是一个可以用具体的时间来回答的问题。有很多其他影响因素需要考虑，比如：

- 交易者可以用来学习、研究和练习交易的时间。
- 交易者制定和执行交易计划的水平。
- 交易者目前的经验。这可以增加学习的时间，也可以减少学习时间。比如有些交易者已经养成一些坏习惯，那他就需要更长的时间更改习惯和学习交易。

经验是一种不可言传身教的东西。我们可以教你一套可靠的交易策略，但是交易者必须自己在实践中积累自己的交易经验。那些有时间定期交易和研究市场的交易者会比那些时间有限的交易者在同样的时间内积累更多的经验。交易者可以另外拟定一个时间目标计划，合理安排到达每一阶段的时间。

有一点我们提醒一下：交易学习过程中的每一步都有一个目的，都有它存在的价值。不要忽视它们的难度和价值。我们还没有发现能够让你迅速取得交易成功的捷径。交易成功需要你努力工作、坚持不懈和不达目的绝不罢休的决心。

软件、计算机和办公费用

交易者必须确定什么行情软件最适合他的实际需要。市面上有很多种行情软件，参加交易展示会是试用和评价软件性能的绝佳途径。对行情软件相关费用的支出是任何交易者都要计划的。

在考虑行情软件的时候，交易者也必须为自己配备一台合适的电脑，并安装配套的操作系统，这也应该包括在最初的交易开办费用内。

我们在下面总结归纳一下这些开办费用：
- 计算机。
- 额外监视器；有些交易者需要多个监视器。
- 一套或几套行情软件。
- 行情数据。
- 交易手续费。
- 上网费。
- 电话费。
- 打印机。
- 传真机。
- 办公用品。

新手交易者应该计划一下他每年每月的交易运行费用，这将帮助他提前把各项费用都考虑好。

年度商务计划

每年年末都是为来年准备交易计划和商务计划的时候。交易计划可以在参考前一年交易计划的基础上做一些修改和调整。商务计划应该与基本交易计划融合在一起。

或许交易者在某些市场品种上没有成功获利，但可以根据相关交易统计数据重新评估他在那些品种上的交易方法。有时候适当调整个别形态交易上的某些交易管理策略或许会起到良好的作用。

这是一个进行评估判断和为来年交易做准备的时候。交易者可以对基本交易策略和具体交易管理措施进行评估和整改。下面列出的是每年都需要评估和计划的项目：

- 明年需要交易的市场。
- 每一个市场品种的交易计划。
- 时间结构。
- 加仓计划。
- 需要学习和改善的问题（比如学习某个新的交易策略、改善资金管理、改善交易者心态，等等）。
- 一个关于如何在未来一整年中保持遵守交易计划的规划。这可能包括生活方式的改变或者定期回顾交易者是否遵守交易计划，以及在多大程度上遵循交易计划。
- 明年任务说明书。
- 回顾检查过去一年的交易费用和规划来年的费用。
- 制定目标和实现这些目标的计划。

这些评估和计划的内容不要过于复杂或臃肿，应该与交易者的经验水平相匹配。认真做这样的准备会帮助你制定一个深思熟虑的行动路线，指导你达到你的交易目标。

当交易者在实盘交易时，他会持续处于一种不确定的状态。如果交易者偏离正常轨道，不按照交易计划操作，更是如此。一个经过深思熟虑的详细交易计划是交易者的交易基础和立身之本，它在一定程度上给交易者提供了一种安全感，交易者也可以在遵循交易计划的过程中养成良好的交易习惯。

灾难应急计划

美国芝加哥商业交易所有一句标语："哪里没有不可能的事情呢？"这就是我们需要制定灾难应急计划的原因。在交易计划的这一部分，你需要尽可能多地考虑各种可能的紧急情况。如果你碰上一个还没有考虑过的情况，那么就在你已经想到的各种紧急情况的基础上尽力做你能够做到的吧。

如果你已经交易了很长时间，那这对你来说就不是一个是否会出现紧急情况的问题，而是一个什么时候会出现哪种紧急情况的问题。这些紧急情况可能会给你暴利，也可能让你爆仓。如果一切顺利的话，它可能会出现一个不亏不赚的结果。如果交易者事前已经想到了并且做了相应的应急计划，那他就可能顺利地处理掉很多难以预料的事情。

很多职业会专门训练对付这些应急事件。联邦政府要求从事医疗服务的每一个人（像医生、护士和急救医疗技术员以及飞行员和机组人员）每年都要安排一定的时间进行对付各种紧急情况的预演。消防员、警察和现役军人都会经常进行针对突发事件的预演。道理很简单：如果一个人已经提前针对各种紧急情况进行了准备和预演，那么当这些突发事件出现的时候，他就能比较从容地去处理。这一点是非常重要的，要保持对突发事情的警觉，不要惊慌失措，要能够在难以预料的紧急情况下从容以对。

对于每个交易者来说，花些时间制定对付突发情况的计划都是非常重要的。当没有任何准备的交易者遇到最需要他立即采取措施的紧急情况时，他就会像一只突然被强光照到的小鹿，完全不知所措地呆在那里。

有一种被称为"负面恐慌"（negative panic）的典型表现，就是指一个人在遇到突发紧急情况时，完全不知所措，不知道发生了什么事，也不知道是一种紧急情况，甚至还觉得没什么问题。这是在突然遇到从未想到过的紧急情况时，大脑出现的一种自我保护。

训练你自己在超常压力下进行思考和及时行动是交易事业的一部分。交易者每个交易日都会碰到一些不确定的东西，对于普通的交易日和例行安排都变得有点麻木了。只有那些有经验的、有准备的交易者才能够在极端情况下及时行动起来。

以前市场上曾经发生过很多次难以预料的事情，比如美联储有时候在盘中突然发布提高或降低利率。这可以引起市场突然极端变化，让几乎每一个市场参与者都感到措手不及。在这种情况下债券和外汇市场在一两秒内就可以急剧变动两个大点以上。如果交易者的交易方向与这种突发变动不一致，他又没有使用止损单，那他的交易仓位就会出现巨大的亏损，甚至内心深处也受到极大的伤害。

2001年9月11日，美国纽约世贸大厦出现的恐怖袭击事件就是一个非常极端的突发情况，市场被迫关闭了好几天。当市场在2001年9

月 17 日开盘时，市场立即出现大幅跳空低开，在市场参与者连续五天疯狂抛售之后，市场出现了一个持续几个月的反弹。在 S&P 500 市场上，那个重新开盘后的跳空低开幅度达到了 60 点。很明显，所有在 9 月 11 日市场关闭时持有多头仓位的交易者都在这个重新开盘日承受了巨大的亏损（见图 13.3）。

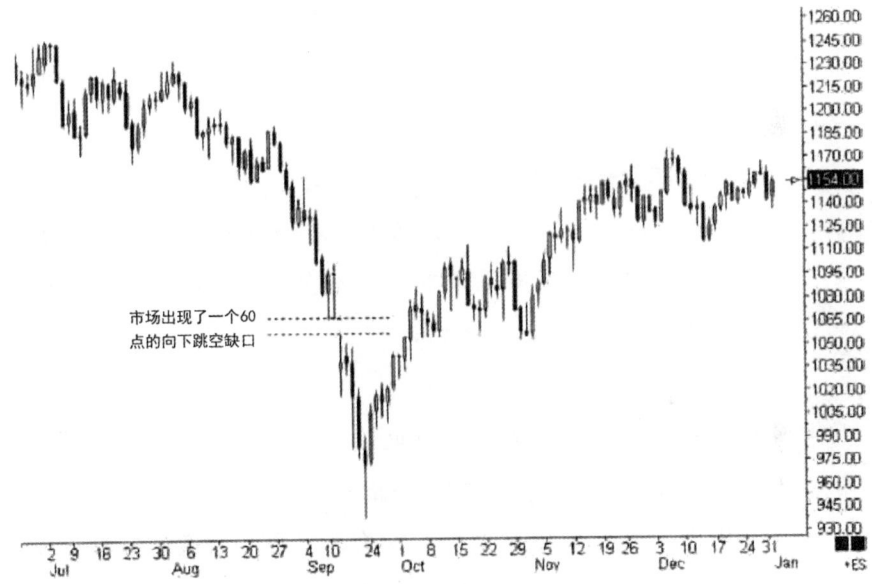

图 S&P500 日线图：市场在 2001 年 9 月 11 日停盘，在 9 月 17 日重新开盘，出现了一个 60 点的向下跳空缺口

难以预料的新闻发布、世界性的政治事件、恐怖袭击都会引起市场出现极端走势。市场不喜欢这些突发的不确定性事件，在每一次这种极端不确定事件出现时，都会出现剧烈变化。

为了防止这类紧急事件给你造成巨幅亏损，你需要遵守的一条重要原则是：**永远不要违反资金管理策略，永远要坚持使用止损单**。在市场出现这种极端走势时，止损单被触发成交的价位通常会让你的亏损更大一些。这种事情是不可避免的。你要感谢自己设置了这个止损单，它让你在交易的路上可以继续前行。

另一个相反的情况就是，你交易仓位的预期方向碰巧就是市场急剧变动的方向，这是市场送给你的礼物。但是这种剧烈的走势通常会伴随着剧烈的反转，如果你发现你捡到一个天上掉下来的馅饼，那就赶快把它吃掉。

根据这种罕见的紧急事件出现后的市场走势，交易者可以为其他类型的灾难性事件做好准备，提前制定好紧急预案，当它们发生时，你就会觉得你花在这种计划上的时间是很值得的。我们在下面列出了一些比较常见的紧急情况。

- **断电**。确保你的手机及时充电是非常好的习惯，这样在断电时，你可以用它来下单。电话和网络通常在断电的时候都没法使用。对于日内交易而言，如果看不到市场情况，应该尽快清仓出场。一些交易者使用笔记本电脑无线上网来对付这种情况是非常好的。

- **电脑死机**。要提前准备好对付电脑死机的预案。技术不是完美的，在最重要的时候，它可能会出问题。

- **下单错误**。有时候交易者会在下单时，输入错误的股票数量或合约手数。如果是为了获得更大的利润而超越了你的资金管理计划，那它就是一个非常不明智的做法，你可能会很快导致一个大幅亏损。建议你立即清除多余的仓位，重新回到按计划交易的轨道上来。

- **下单时，把买卖方向搞错了**。另一种下单错误是：准备买入时，却不小心把方向搞错了，变成了卖出；或者反过来，把卖出的单子下成了买入的单子。任何交易单成交后，立即检查，确保开仓方向正确是非常好的习惯，在这方面有很多交易者的故事。当一个交易日结束的时候，有些交易者会想到他今天应该获得了不少利润，但却遗憾地发现，他在下单时，把交易方向搞错了。

- **账户内的错误信息**。要把交易记录做好。在你的交易账户内，偶尔会出现一些与你买卖交易不符合的东西，通常情况下给券商或经纪公司打个电话就能解决。但交易者必须做好交易记录，包括交易编号都要写上。多写一个交易编号不会占用你很多时间，当你给经纪商打电话时这些编号通常是你被问到的第一个问题。每天在关掉你的交易软件前，交易者应该一丝不苟地检查确认所有的仓位都是正确的，盈利亏损情况也要与交易者的记录相对应。这本身就会在解决问题时减少很多麻烦。

- **难以预料的新闻发布或者交易所停止交易**。交易所偶尔也会突然关闭，这可能是因为技术原因，也可能是突发性的世界大事，比如"9·11"事件。另外有时候，会有难以预料的新闻出台，它们通常会导致市场剧烈震荡。以前在某个交易所就曾经出现过某个市场品种的所有交易单被取消的情况。为了规避一个市场上持仓的风险，在另外一个交易所建仓交易是可行的。比如，在S&P E-mini市场上做空的交易者可以在道琼斯股指期货市场上做多。在这些紧急的时候，经纪商的电话通常都会被打爆，交易者很难打得进去。如果不可能在另外一个市场建立反向避险仓位，那么等市场重新开盘时，就要尽快处理已经产生亏损的仓位。记住，这些都是你无法控制的罕见情况，你只能尽力做到最好。

- **大幅跳空缺口**。如果你持仓过夜，那你迟早会碰上一个第二天跳空开盘，而且是对你特别不利的情况。当多空双方力量悬殊时市场就会出现跳空缺口，比如隔夜出台的一些新闻事项就可能严重地影响某个市场或个股。如果跳空开盘对你不利，你就可以在开盘后等待20分钟左右，看看市场情况再作处理。如果价格在跳空后向着对你有利的方向移动，你就可以把止损位设置在当前日内的高点或低点处。如果价格进一步出现对你有利的变化，你就可以调整止损位或者当价格到达你原来的止损位时出场。如果跳空开盘对你有利，那你至少可以先获利了结一部分，然后调整止损位。很多时候，这种由隔夜新闻引起的跳空开盘走势会出现反转，你肯定不想把利润回吐掉。如果开盘后市场没有向着对你有利的方向运动，你可以在日内的高点或低点处止损出局。

- **精神压力过重或外界影响因素太多**。对于精神压力或外界影响因素，每个交易者都有一个不同的忍受程度。在每个交易者的一生当中，都会有不少时候，过重的精神压力和外界影响因素让你很难进行交易。这些精神压力可能来自离婚、人际关系问题、某位亲人的去世和疾病。再次提出，你最好花些时间针对这些事情提前计划一下，制定一些要采取的行动，比如在恢复正常以前，少做交易或不做交易。在精神压力过重的时候做交易非常容易产生亏损，多休息，注意放松，把心态调整好才是最好的解决途径。

总结

　　交易是一个持续改善和不断调整的过程。在交易者不断前行的过程中，多花时间去研究交易计划的每一部分会让交易者受益匪浅。

　　当交易者看到市场状态发生改变时，他就可以调整日常交易计划。随着交易者市场经验的增加，可以根据具体的情况调整交易管理策略。从长期来看，这些改变和调整会帮助交易者提高利润和减少亏损。如果没有任何日常交易计划，交易者要想确定哪些地方需要改进几乎是一件不可能的事情。每个交易者使用的时间结构将会决定多久调整一次交易计划。相对于使用大时间结构的交易者，根据小时间结构进行交易的交易者或许更需要经常调整和完善交易计划。

　　对于商务计划，交易者可以每个月、每个季度或者半年回顾查看一次，评估一下各项费用是否符合计划。如果有必要，交易者可以及时调整计划。交易手续费或许是交易者想要考虑的事情，如果有必要他可以与经纪商谈判，看看能否降低手续费，或者干脆换一家。

在灾难应急计划中有各种各样的紧急情况，关于如何处理这些紧急事故，交易者可以根据需要做出调整。他们或许经历过一次这种紧急情况，发现了一个可以接受的处理办法，那就应当把它写下来，以备后用。如果出现了一个他们不曾准备的紧急情况，他们可以咨询其他交易者，询问其他人在过去是如何处理那种情况的。与其他交易者多交流，提前找到处理各种紧急事件的办法是非常有益的。提前计划好要采取的各项行动会帮助交易者在紧急时刻，保持冷静，及时采取行动解决问题。

在记录交易计划各项内容的方式上，没有哪种方式是对的，哪种方式是错误的。有些交易者喜欢把它们用笔写下来；有些交易者偏好使用电子表格或 word 文档。这都没什么区别。重要的是交易者把每一项都当作是认真严肃的尝试，每一步都经过深思熟虑的琢磨，多花时间，争取制定出一套优秀的计划。

把交易计划的三个部分联合起来，组成一整套实用的交易计划将会增强交易者的信心、提高交易者的水平，并帮助交易者像运营一项其他行业的业务那样运营交易。

第十四章　交易日常安排

提前做好交易日常安排是交易准备工作的一个重要部分。每一个交易者最终都对他的日常交易工作和生活有一个独特的安排。我们可以考虑一个交易日常安排的列表。我们可以借助它回顾过去交易、准备未来的交易、调整我们的侧重点和心态。交易日常安排可以在市场具有很大不确定性的时候平衡我们的心态，保障我们按计划进行交易。

本章中，我们主要讲述三方面的内容，交易者可以用它们来制定自己的交易日常安排计划：

1. 交易准备；
2. 心态准备；
3. 体能准备。

交易日常安排形式多样，大部分交易者随着交易经验的不断积累会不断地调整他们的日常安排。

交易准备

每个做交易的人都应该尽力培养好习惯。每天坚持一些好习惯的细节最终就能养成良好的习惯。那些肯花时间为交易做准备的人比那些仅花较少时间或者根本不花时间直接在开盘开始交易的人更容易获得交易成功。

交易准备作为一项日常安排，可以被细分为开盘前准备、盘中准备和盘后准备。我们先从开盘前准备开始。

开盘前交易准备

开盘前检查表

◇ 回顾市场或个股在前夜市场上的表现。

◇ 回顾前夜发布的相关新闻。

◇ 如果交易股票，就要查看收入确认日期；如果已经公布收益，就要在开盘前查看它对股票价格的影响。

◇ 查看开盘前公布的经济报告。很多时候它们对市场都有冲击。

◇ 回顾交易计划；如果自己交易的某个市场或股票可能会有影响最初交易计划的开盘跳空缺口，就要在开盘前确定是否要做调整。

◇ 打印前一天对账单；查看有否错误。

◇ 查看账户，确认一下持仓情况。

◇ 在行情图上设定止损警铃、获利目标位警铃或者形态终点警铃。

我们发现找个笔记本记下一些关于第二天交易的注意事项并在第二天开盘前查看一下这些笔记是很有用处的。比如，可以记录支撑或阻挡的价位区域，以及第二天可能形成的形态或需要追踪观察到形态。为了交易者可以在需要时查阅，一定要把这些注意事项写全，写清楚（在实盘交易中很容易忘记一些重要注意事项）。

盘中时间

盘中检查表

◇ 观察形态、价格和持仓情况。耐心等待交易机会出现。如果你不是超短线交易者，就尽量避免观察每一次市场价格跳动。观察每一次价格上下跳动可以破坏交易者良好的心态，而且经常会是冲动性交易的原因。尽可能设置声音提醒警铃。

◇ 记下有关价格或形态的任何注意事项，以备查阅。

◇ 在盘中时间内，经常放松一下，稍作休息。

◇ 在线聊天室可以是优秀的学习工具，但是要防止进行不符合自己交易计划的交易。

◇ 收盘前把日内交易仓位全部清仓。不要把一个亏损的日内交易单经过隔夜变成长线交易。

如果你根据 5 分钟图这样的小时间结构进行日内交易，那么整天在小时间结构上观察具体的形态可能是你交易计划的一部分内容，这样的话，你就需要整天监视市场价格变化。但是，如果交易者根据 60 分钟图或日线图进行中长线交易，那就没有必要整天高度紧张地观察市场。

现在很多市场 24 小时交易，交易者应该观注那些符合自己作息制度的市场。业余交易者应该选择那些不会太影响自己主业的市场品种和时间结构。

盘后准备

盘后检查表

◇ 在关闭交易软件前，要坚持检查账户，确保正在持有的仓位没有问题，应该出场的仓位已经出场。

◇ 对照日内交易记录查看账户盈亏情况。

◇ 确保交易的股票数量或合约手数是正确的。

◇ 记录所有交易单编号和交易情况。图 14.1 就是一个交易单汇总表，你可以参考应用。

◇ 保存市场数据。

◇ 更新手工绘图或其他数据。

◇ 标记第二天交易机会；观察市场和个股市场走势和形态，为第二天交易做家庭作业。

◇ 评估现有持仓，确定止损位，盈利目标，等等。

	交易追踪汇总表										
	日期	市场/股票	做多/做空	数量	交易单编号	价格	止损位	出场位	利润	亏损	手续费
1											
2	17-Jan	ES	Short	2	347658	1441	1446	1443	3		
3							1439	1439	5		9.5
4	18-Jan	ES	Short	2	458921	1435	1438	1434	1		
5							1435	1433.5	1.5		9.5

图 14.1 交易追踪汇总表

在交易日常安排计划内安排一些手工绘图的内容是非常好的。我们喜欢手工绘制当天 S&P 500 的 5 分钟图，标注日内高点和低点出现的时间，标注出现的形态以及其他注意事项。图 14.2 是 S&P E-mini 5 分钟走势的手工绘图，它可以提醒我们什么时候出现变化、什么时候形态形成。我们相信每天做些手工绘图可以帮助大脑加强形态识别的盘感。我们强烈建议所有交易者在日常安排计划中列入一些手工绘图的内容。

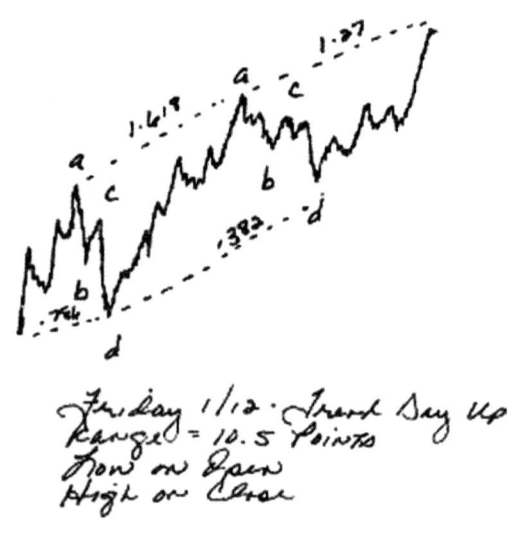

图 14.2　S&P E-mini 5 分钟走势的手工绘图

心态准备

你要在你的交易日常安排计划中设置一些平和交易心态的方法和评估当前心态是否适合交易的方法。下面列出的是你每天要问自己的问题：

- 你昨晚休息好了吗？
- 在与交易无关的事情中，有没有让你感到难受或焦虑的事情？
- 有关日常安排的交易准备做好了吗？交易计划准备好了吗？
- 你感觉头脑清醒吗？有没有类似喝酒过量后的晕晕沉沉的感觉？我们建议在交易前一天不喝酒。
- 你能接受亏损吗？有时候就是这个问题的答案可以决定你是否应该在那天交易。

准备好心态就像准备好交易计划一样，它们对于每天的交易是非常重要的。心态不好时进行交易的成本可能非常昂贵。一两天不做交易没什么大不了的。上面所列的问题都可能对你每天的交易造成不利的影响。

由于心态上的问题引起不必要的交易失误，从而造成大幅亏损，这会反过来给交易者的心态造成更大的影响。很多时候，抛开交易，多从事一些其他活动会让交易者的心态更好。一连串的交易失误对于交易者来说就是一种警告，说明他需要更长一点的休息时间，如果可以的话，应该考虑放弃几天的交易。

随着我们作为交易者获得更多的经验，我们可以学会判断我们的心态是否适合执行交易操作。我们可以感觉到什么时候心态较好，什么时候心态太差。我们要清楚自己心态好坏的界限，一旦越过了这个界限，我们就可能对我们的账户和心理造成很大的负面影响。保持心态平衡对于每个交易者来说都是非常重要的。交易新手或许会发现他们比有经验的交易者更容易产生心理负担。比较有经验的交易者更容易从亏损中恢复过来。要想从容应对各种交易状况，就要提高心理承受能力，这不是一蹴而就的事情，它需要一个过程。随着你不断地积累交易经验，你会逐渐提高自己的心理承受能力。

交易者在交易前可以采取很多措施调整自己的心态，让自己重新按胜算概率来思考问题。阅读一些励志的书籍或文章就可以起到很好的作用。我们比较喜欢的一本书就是马克·道格拉斯（Mark Douglas）写的《交易心理分析》。书中每一个句子都好像道格拉斯在从他的内心深处与交易者进行沟通。

写下一些交易者可以反复阅读的短语或引言也能够帮助交易者保持心态。另外与交易搭档或朋友分享交易理念和故事也是非常有用的。甚至有时候在经历了糟糕透顶的一天后找个人倾诉也可以让交易者很快回到正常轨道上来，重新看清事情的原由。

一连串的交易亏损可以逐渐地破坏交易者的良好心态。请记住亏损一直都是交易事业的一部分。一连串的交易亏损后很可能会出现一连串的盈利。保持心态的一个好办法就是充分理解这一点，接着进入下一次交易。亏损告诉你方向错了，止损单成功阻止了一个小亏损变成一个大亏损。没有必要把亏损都看成是自己的错误；如果你发现自己把所有的亏损都当作自己的错误，那么请你重新按胜算概率来思考这些交易结果。

一个积极的心态对于交易者是非常重要的，甚至于比他会用到的交易方法、软件或指标都重要。有很多励志书籍值得交易者收藏阅读，它们可以帮你保持积极的心态。我们比较喜欢的有：

拿破仑·希尔（Napoleon Hill）写的《思考致富》；

詹姆斯·艾伦（James Allen）写的《当一个人思考的时候》；

莉莲-沃森（Lillian Watson）写的《来自很多台灯的光线》；

拉里-派斯温托（Larry Pesavento）和莱斯莉-久弗拉斯（Leslie Jouflas）写的《交易精要：不是你想什么，而是你怎么想》。

我们想让你记住第二次世界大战期间当伦敦每天都遭受轰炸时温斯顿·丘吉尔（Winston Churchill）在他的母校英国哈罗公学（Harrow School）讲过的一句话："永不放弃。永远不，不，不，不——不在任何事情上让步，不管是大事还是小事——永不屈服。"

体能准备

毋庸置疑，强健的体魄会提供充足的精力，较少的压力，而且会改善我们的心态。所有的这些都会帮助交易者提高交易水平。交易者要在交易日常安排中安排一些定期锻炼并按时服用营养食品，这对交易者的身心都是非常有益的。

交易的压力是比较重的，积极保持身心健康是比较明智的做法，它对于缓解交易的紧张情绪是大有好处的。在日常安排中增加一些体能锻炼能帮助我们减少交易带给我们的压力。锻炼让我们神清气爽，我们会因此更加积极地看待周围的事情。增加有氧运动会提高血液循环，增加内分泌，并进一步改善情绪，减轻压力。

我们前面提到过交易前一天应该戒酒。酒精麻醉神经系统，降低交易者大脑的灵敏度，而且可以滞留在神经系统内24小时。我们在交易时要小心，过量饮酒或滥用毒品会降低你的交易水平。

我们建议你的交易日常安排中包括下面的项目：

- **休息**。连贯一致的作息制度和足够的休息对交易是非常有帮助的。尽量每天准时睡觉，定时起床。
- **营养**。保持健康饮食习惯，多喝水。食物和饮料中的糖分能够引起体能下降，导致注意力不集中，进一步产生交易失误。很多营养食品帮助提高体能和集中注意力。
- **锻炼**。每周至少锻炼三次。有很多锻炼项目可以选择，像瑜伽、快走、普拉提、跑步、举重等，你可以选择一个或多个项目。
- **清除分心的东西**。分心的代价在交易上可以是相当昂贵的，特别是在做日内交易时。接电话可以把注意力从需要立即关注的交易上吸引开。过分的噪音也可以扰乱交易，别的分心的事情同样可以。你要判断自己能忍受多大的噪音，把受不了的全部关掉。聊天室也可能成为一个分心的东西，可以选择一个教育和学习是主要目的的聊天室。

- **抛开交易，给自己放假。** 定期计划一些远离交易的时间是很关键的。交易需要我们做的东西有很多，耗费时间，耗费精力，什么都耗费。给自己计划一些短暂的休息和长时间的放假，暂时抛开交易。

大多数交易者发现一旦他们确立了一套可靠的日常安排计划，当他们因为别的原因不能遵循交易日常安排计划时，他们就感觉有点不知所措，甚至有点失控。比如，像某个交易日前一天回家晚了，没有足够的时间完成计划上为第二天交易准备的所有项目。一旦回归到正常的日常安排计划中去，交易者就会感到如鱼得水，一切都在掌控之中。日常安排计划帮我们从杂乱的环境中理清了自己的方向。

有时候，从交易中走开几天或几个星期，让交易者产生了一种找不到方向的感觉，好像把握不住市场的脉搏。从长假回归以后，重新按照交易日常安排进行交易工作，通常会很快使他们回到曾经离开的轨道，恢复正常秩序。花时间建立一套经过深思熟虑的交易日常安排计划吧，它将会让你交易成功，让你身心健康！